Ron Kalenuik

Das originale Pizza & Nudel Kochbuch

Simply Delicious
Cooking Series™

Magnanimity
House Publishing

Impressum

Projekt Koordinator :	Dianna Kalenuik
Editor :	Sharon Antoniuk
Küchen Koordinator :	Chef Ron Kalenuik
Küchen Assistenten :	Pamela Kalenuik Timothy Kalenuik Jennifer Kalenuik Ruth Maier
Art Direktion :	Sylvia Cook
Fotografie :	V.E.T. Marketing
Design / Grafik / Druckvorlage :	Sako Graphics Resource Centre Inc.

MAGNANIMITY
HOUSE PUBLISHING

© Magnanimity House Publishers
Box 97509
Highland Creek, P.O.
Scarborough, ON. Kanada, M1C 4Z1
Telefon 416-724-7287
Telefax 416-724-7857

ISBN 1-55222-234-9
Dieses Buch ist eine exklusive Ausgabe für

DS-MAX™

250 Granton Dr.
Richmond Hill ON. L4B 1H7
714-587-9207
Printed in the United States of America

Imported by:
RANGER MARKETING UND
VERTRIEBSGESELLSCHAFT mbH
WAHLERSTR.12
40472 DUSSELDORF
GERMANY

IMPULSE BUCHHANDELS-GMBH
2514 TRAISKIRCHEN
WIENER STR. 99A
AUSTRIA

Inhalt

Pizza 4

Nudeln 60

Pizza

Man nehme ein Stück Fladenbrot, bedeckt es mit einwenig Sauce und ein paar Zutaten von Wurst, Gemüse, Käse, etc. und man gewinnt die Gunst der ganzen Welt. Die Pizza genießt einen guten Ruf.

In Frankreich nennt man sie Pissaladière, im Orient Pita, in Mexiko mit Zutaten belegte Tortillas. In anderen Worten, eine Pizza ist nicht mehr, als ein gebackenes offenes Sandwich, doch was für ein Sandwich!

Man nimmt an, daß die Pizza eine kulinarische Erfindung aus Neapel ist. (Wo auch die beliebten Spaghetti Nudeln zuhause sind). Zuerst wurde sie Pizze Napoletana Verace, (die echte neapolitanisch Pizza) genannt. Ursprünglich bestand diese Pizza a einer Art Fladenbrot, Tomaten, Knoblauch, Olivenö und Oregano und wurde im heißen Ofen gebacke und auf der Straße verkauft. Die Zugabe von Käse kam erst später und damit die Erlaubnis, so ziemli jede denkbare Zutat aufzulegen. Es spielt keine Ro was auf die Pizza gelegt wird, es ist immer ein Erfolg. Die Pizza ist sowohl bei den Menschen auf der Straße, alsauch in den reicheren Schichten beliebt (wie in Wolfgang Pucks Restaurant zu den Sternen, Spago).

Pizza bietet viele Vorteile und eine ungezwungene

, Essen zu genießen, sie macht immer Freude, ist ·isgünstig herzustellen und ist wegen ihrer lfältigkeit beliebt. Man schätzt Kameradschaft in ·er Nation, die Pizza verbindet wahrlich Menschen .einander.

·e Pizza kann manchmal versteckt als Calzone oder ·zarotti (ebenfalls eine geschlossene Pizza) oder gefüllte Teiglagen serviert werden.

·erhalb dieses Kapitels finden Sie eine Vielfalt von ·eptideen, mit denen Sie Ihre Familie und Ihre ·te für die nächsten Jahre verwöhnen können. Jede ·za ist eine einzigartige, spannende Kreation. sen Sie sich von den Reaktionen Ihrer Gäste verwöhnen, wenn sie nach den ersten Bissen begeistert sind und schon nach mehr fragen.

Als Anregung für eine Platte mit Appetithäppchen bieten sich Pizza der griechischen Inseln, Kartoffel-Hühnchen Pizza oder Jamaica Pizza an. Oder servieren Sie eine der Dessert Pizzas oder eine Ihrer eigenen Kreationen. Die Grundrezepte für alle denkbaren Variationen sind in diesem Kapitel zu finden. Als Reaktion werden Sie festellen, daß Ihre Gäste Ihre Pizzas genießen und Sie ungeduldig um die Rezepte befragen.

Mailand Pizza

Zutaten:

454 g	im Handel erhältlichen Pizzateig oder 1 Einheit unseres Rezeptes
250 ml	Pizzasauce (siehe Seite 14)
454 g	scharfe italienische Wurst, in Würfel geschnitten und gekocht
340 g	Mozzarellakäse in Würfel geschnitten
255 g	frische rote Paprikastreifen, geröstet
270 g	Vidalia-Süßzwiebel in Scheiben

Zubereitung:

Den Teig nach Anweisung in die Backform geben. Sauce auftragen und mit der Wurst belegen.

Käse darüberstreuen und mit roten Paprikastreifen und Zwiebeln belegen.

10-12 Minuten im vorgeheizten Backofen bei 230°C goldbraun backen.

ERGIBT zwei 30 cm ø Pizzas.

Pizzateig Grundrezept

Zutaten:

1 Teel.	Zucker
250 ml	warmes Wasser
1 Eßl. (8 g)	trockene aktive Hefe
2 Eßl.	Butter, geschmolzen und gekühlt
525 g	Mehl
1 Prise	Salz

Zubereitung:

Das warme Wasser in große Schale geben und den Zucker darin lösen. Mit Hefe bestreuen und 10 Minuten stehen lassen, bis sich Schaum bildet. Butter einrühren.

Die halbe Menge Mehl und die Prise Salz einrühren. Soviel vom restlichen Mehl nach und nach einrühren, bis das Formen eines leicht klebrigen Balls möglich ist.

Den Teig auf einer leicht bemehlten Arbeitsfläche ca. 5 Minuten kneten, bis er glatt und elastisch ist.

Den Teig in eine gefettete Schale geben und 15 Minuten ruhen lassen. Den Teig flach klopfen und in zwei Hälften schneiden. Jede Hälfte zu einer 28 cm ø Scheibe ausrollen. Weitere 15 Minuten ruhen lassen.

Jede Scheibe in eine 35 cm ø große Pizzabackform (rundes Backblech) geben. Den Teig mit den Fingerspitzen anpressen, von der Mitte nach außen, bis die Hälfte der Backform bedeckt ist. Den Teig 10 Minuten ruhen lassen. Erneut anpressen, wie beschrieben, bis die ganze Backform bedeckt ist.

Jetzt kann der Teig mit Sauce und angegebenen Zutaten bedeckt werden.

Barbecue-Hähnchen Pizza

Teig:

Zutaten:

2 Eßl. (16 g)	trockene, aktive Hefe
60 ml	warmes Wasser
360 g	ungebleichtes Mehl
1 Teel.	Salz
80 ml	Olivenöl
2	Eier

Zubereitung:

Das Wasser in große Rührschale geben und die Hefe darin lösen. 10 Minuten ruhen lassen. Das Salz, das Öl und 145 g Mehl zugeben. Zu einem glatten Teig rühren. Eier und 70 g des Mehls zugeben und gut vermengen.

Den Teig auf eine bemehlte Arbeitsfläche stürzen. Während dem Kneten, den Rest des Mehls nach und nach zugeben und den Teig zu einem glatten Ball kneten.

Den Ball in eine gefettete Schale geben, abdecken und 1½ Stunden steigen lassen. Den Teig klopfen und in zwei Hälften schneiden. Jede Hälfte zu einer Scheibe ausrollen und in 20 cm ø Formen geben. Der Teig kann jetzt mit Sauce und Zutaten bedeckt werden.

Sauce:

Zutaten:

3 Eßl.	Olivenöl
2 Eßl.	feine Zwiebelstreifen
2 Eßl.	grüne Paprika, in feine Streifen geschnitten
2 Eßl.	feine Selleriestreifen
1	feingeschnittene Knoblauchzehe
60 ml	Weißwein
¼ Teel.	schwarzer Pfeffer
½ Teel.	Oreganoblätter
½ Teel.	geriebener Kreuzkümmel
3 Eßl.	brauner Zucker
280 g	Tomatenpüree
½ Teel.	geräuchertes Salz

Zubereitung:

Das Öl in einem Soßentopf erhitzen. Paprika, Zwiebel, Sellerie und Knoblauch zugeben und weichdünsten. Die restlichen Zutaten einrühren. Die Sauce aufkochen lassen, Hitze reduzieren und 20 Minuten köcheln lassen.

Belag:

Zutaten:

2 Eßl.	Olivenöl
1	feingeschnittene Knoblauchzehe
450 g	Hühnerbrust, ohne Haut und Knochen, in Streifen geschnitten
225 g	geriebener, geräucherter Gouda
40 g	schwarze Olivenscheiben

Zubereitung:

Das Öl in eine Rührschale geben, den Knoblauch und das Hühnerfleisch zugeben und mischen, bis das Hühnerfleisch ganz mit Öl bedeckt ist. Das Hühnerfleisch in großer Pfanne dünsten.

Den Teig gleichmäßig mit Sauce bestreichen und mit Hühnerfleisch belegen. Mit Käse und Oliven bestreuen.

15 Minuten im vorgeheizten Backofen bei 230°C goldbraun backen. Aus dem Backofen nehmen, in Portionen schneiden und servieren.

ERGIBT zwei 20 cm ø Pizzas

Küchentips

Zwiebel in Würfelchen schneiden

Man setzt das Messer am oberen Ende (Krautansatz) an und schneidet die Zwiebel der Länge nach in zwei Hälften. Somit können die äußeren Häute leicht entfernt werden. Dann entfernt man das Wurzelstückchen, da es einen bitteren und holzigen Geschmack hat. Jede Hälfte erneut der Länge nach halbieren. Jedes Viertel der Länge nach in engen Abständen (3 mm) einschneiden (nicht ganz durchschneiden). Dann das Messer quer ansetzen und in engen Abständen schneiden. Somit entstehen zahlreiche kleine Würfelchen. Die Größe der Würfelchen richtet sich nach den Abständen zwischen den Einschnitten.

Pizza der griechischen Inseln

Zutaten:

345 g	Lammfleisch, ohne Knochen
1 Teel.	Salz
1 Eßl.	Oregano
½ Teel.	Knoblauchpulver
1 Teel.	Worcestershiresauce
3 Eßl.	Zitronensaft
80 ml	Olivenöl
225 g	im Handel erhältlichen Kräuter-Pizzateig oder ½ Einheit des Rezeptes auf Seite 38
1	rote Paprikaschote in feine Streifen geschnitten
1	Zwiebel, in Würfel geschnitten
80 g	Champignonscheiben gedünstet
150 g	sonnengetrocknete Tomaten in Wasser eingelegt und in feine Streifen geschnitten
150 g	geriebener Mozzarellakäse
200 g	zerriebener Fetakäse

Zubereitung:

Das Lammfleisch in dünne Streifen schneiden und in eine Rührschüssel geben. Mit Salz, Oregano, Knoblauchpulver, Worcestershiresauce, Zitronensaft und der Hälfte des Öls vermengen. Abdecken und 2 Stunden marinieren lassen. Abtropfen lassen.

Das restliche Öl in einer Pfanne erhitzen und das Fleisch kurz anbraten. Abkühlen lassen.

Den Teig nach Anweisung in die Backform geben und im vorgeheizten Backofen bei 230°C backen.

Den Teig mit Lammfleisch, Paprika, Zwiebeln, Champignons und Tomaten belegen. Mit Käse bedecken. 15 Minuten goldbraun backen. Die Pizza aus der Form nehmen, in Portionen schneiden und servieren.

ERGIBT zwei 20 cm ø Pizzas oder eine 30 cm ø Pizza

Ein Traum von Meeresfrüchten

Zutaten:

345 g	Hummerfleisch in Würfeln
345 g	Jakobsmuscheln
345 g	große Krabben, geschält und gesäubert
1 l	Fisch- oder Hühnerbrühe (siehe Seite 146)
2 Eßl.	Butter
120 g	Champignonscheiben
1	Zwiebel, in feinen Würfeln
500 ml	Mornaysauce
454 g	im Handel erhältlicher Vollweizen-Pizzateig oder 1 Einheit des Rezeptes auf Seite 18 oder Kräuter-Pizzateig auf Seite 38
2 Eßl.	Olivenöl
200 g	geriebener Havartikäse
180 ml	Béarnaisesauce

Zubereitung:

Hummer, Muscheln und Krabben in der Brühe kochen. (Darauf achten, daß die Meeresfrüchte, durch zulanges kochen, nicht ihre Zartheit verlieren). Abtropfen und abkühlen lassen.

Butter in einer Pfanne erhitzen. Champignons und Zwiebeln weichdünsten. Mornaysauce zugeben und köcheln lassen, bis die Sauce eindickt.

Den Backofen auf 230°C vorheizen. Den Teig nach Anweisung in die Backform geben und mit Öl bestreichen. Die Meeresfrüchte darauf verteilen und die Mornaysauce darübergießen. Mit Käse bestreuen.

12 Minuten backen. Mit Béarnaisesauce bedecken und weitere 3-5 Minuten backen, bis die Sauce eine schöne braune Färbung annimmt.

Pizza aus der Form nehmen, in Portionen schneiden und servieren.

ERBIGT vier 20 cm ø Pizzas oder zwei 30 cm ø Pizzas.

Béarnaisesauce

Zutaten:

3 Eßl.	Weißwein
1 Eßl.	getrocknete Beifußblätter
1 Teel.	Zitronensaft
100 g	Butter
3	Eigelb
1 Teel.	frisch gehackter Beifuß

Zubereitung:

Wein, Beifuß und Zitronensaft in eine kleine Pfanne geben. Bei großer Hitze kochen und auf 2 Eßl. reduzieren und durch einen Sieb geben.

Die Butter in einer zweiten kleinen Pfanne schmelzen und so erhitzen, daß die Butter fast zu kochen beginnt.

Eigelb mit Mixer oder Küchenmaschine verrühren.

Die flüssige Butter in einem dünnen Strahl dem Eigelb zugeben, während die Maschine rührt.

Das Rührgerät auf langsame Stufe stellen und die reduzierte Weinmischung zugeben. Nur solange weiterrühren, bis die Bestandteile sich verbinden. Die Sauce in eine Servierschale geben und den frischen Beifuß einrühren.

ERGIBT 180 ml

Mornaysauce

Zutaten:

3 Eßl.	Butter
3 Eßl.	Mehl
310 ml	Hühnerbrühe (siehe Seite 146)
310 ml	Kaffeesahne
60 g	frisch geriebener Parmesankäse

Zubereitung:

Die Butter in einer Pfanne erhitzen. Mehl zugeben und 2 Minuten bei kleiner Hitze verschmelzen. Hühnerbrühe und Sahne einrühren. Hitze reduzieren und köcheln lassen, bis die Mischung eindickt. Käse einrühren und weitere 2 Minuten köcheln lassen.

Nach Bedarf verwenden.

ERGIBT 750 ml

OCHAGA

Vancouver Krabben- und Gemüsepizza

Zutaten:

454 g	in Handel erhältlicher Vollweizen-Pizzateig oder ½ Einheit des Rezeptes auf Seite 18
180 ml	Pizzasauce
360 g	gekochtes Krabbenfleisch in Würfel geschnitten
120 g	zerriebener Monterey Jack Käse
140 g	gehackter Spinat
40 g	schwarze Olivenscheiben
90 g	rote Zwiebelscheiben
90 g	marinierte Artischockenherzen, in Scheiben, abgetropft
3	rumänische Tomaten, in Scheiben geschnitten
130 g	zerriebener Fetakäse
1 Teel.	Oregano

Zubereitung:

Den Teig nach Anweisung herstellen.

Den Backofen auf 230°C vorheizen.

Den Teig in eine 30 cm ø Pizzaform geben.

Die Pizzasauce gleichmäßig auf dem Teig verteilen und mit dem Krabbenfleisch belegen. Den Käse darüberstreuen und mit Spinat belegen. Mit Oliven, Zwiebeln, Artischockenherzen und Tomatenscheiben bedecken.

Den Fetakäse darüberstreuen und mit Oregano abschließen.

12-15 Minuten backen, bis eine goldbraune Färbung entsteht. Aus dem Backofen nehmen, in Portionen schneiden und servieren.

ERGIBT eine 30 cm ø Pizza

Pizzasauce

Zutaten:

3 Eßl.	Pflanzenöl oder Olivenöl
2	feingeschnittene Knoblauchzehen
1	Zwiebel, in feine Würfel geschnitten
1	Selleriestange in feine Würfel geschnitten
½	grüne Paprikaschote in feine Würfel geschnitten
1.3 kg	Tomaten, geschält, entkernt und gehackt
1 Teel.	getrocknete Oreganoblätter
1 Teel.	getrocknete Thymianblätter
1 Teel.	getrocknete Basilikumblätter
1 Teel.	Salz
½ Teel.	Pfefferkörner angestoßen
1 Eßl.	Worcestershiresauce
170 g	Tomatenmark

Zubereitung:

Das Öl in einem großen Topf erhitzen. Knoblauch, Zwiebel, Sellerie und Paprika weichdünsten. Tomaten, Worcestershiresauce, Gewürze und Tomatenmark zugeben. Hitze reduzieren und 2 Stunden köcheln lassen oder bis die Sauce sehr dickflüssig ist. Ab und zu rühren. Abkühlen lassen.

ERGIBT 500 ml

Pizza mit Kaviar

Zutaten:

454 g	im Handel erhältlicher Pizzateig oder ½ Einheit des Rezeptes auf Seite 6
2 Eßl.	Olivenöl
½ Teel.	getrocknete Thymianblätter
½ Teel.	getrocknete Basilikumblätter
½ Teel.	getrocknete Oreganoblätter
120 g	geriebener Pecorino- oder Caciocavallokäse
100 g	Butter
2	Eigelb
2 Teel.	Zitronensaft
1 Prise	Cayennepfeffer
9	Eier
16	Scheiben kanadischer Speck
2 Eßl.	roter Kaviar
2 Eßl.	schwarzer Kaviar
	Petersilie zum Garnieren

Zubereitung:

Backofen auf 230°C vorheizen.

Den Teig nach Anweisung herstellen und in eine 30 cm ø Pizzaform geben. Den Teig mit Olivenöl bestreichen und mit Thymian-, Basilikum- und Oreganoblättern bestreuen. 8 Minuten backen. Mit Käse bestreuen und goldbraun backen.

Die Butter auf großer Flamme schmelzen, während die Pizza bäckt. Die Pizza aus dem Backofen nehmen.

Den Backofen auf Grillstufe stellen.

Das Eigelb in Schale geben und im Wasserbad bei kleiner Flamme halten.

Zitronensaft langsam zugeben und darauf achten, daß der Saft sich komplett mit dem Eigelb vermengt.

Von der Hitze nehmen und die heiße Butter mit einem Schneebesen langsam einrühren. Den Cayennepfeffer zugeben.

Die Eier pochieren.

Den Teig mit den Speckscheiben belegen und mit den Eiern gleichmäßig umrahmen. Jedes Ei mit der Sauce übergießen. Die Pizza unter den Grill platzieren und goldbraun backen.

Die Pizza aus dem Backofen nehmen, jedes Ei mit Kaviar und Petersilie garnieren und sofort servieren.

ERGIBT eine 30 cm ø Pizza

Pizza mit gegrillten Krabben
und Paprika-Pesto

Zutaten:

454 g	im Handel erhältlicher Vollweizen-Pizzateig oder ½ Einheit unseres Rezeptes
454 g	große Krabben
2 Eßl.	Olivenöl
je ½ Teel.	Salz, Pfeffer, Basilikum Paprika
230 g	zerriebener Mozzarellakäse
2	Tomaten in groben Scheiben
40 g	grüne Zwiebeln in Scheiben geschnitten

Pesto:

1	feingehackte Knoblauchzehe
2 Eßl.	Pinienkerne
1 Eßl.	frische Basilikumblätter, gehackt
3 Eßl.	gehackte Petersilie
150 g	rote Paprikaschote, entkernt und in Würfel geschnitten
90 g	frisch geriebener Romanokäse
60 ml	Olivenöl

Zubereitung:

Den Teig nach Anweisung herstellen.

Den Backofen auf 230° vorheizen.

Die Krabben schälen, säubern und in Rührschüssel geben. Öl und Gewürze zugeben und 20 Minuten marinieren lassen. Krabben 3 Minuten auf jeder Seite grillen. Abkühlen lassen.

Knoblauch und Pinienkerne mit Mixer oder Küchenmaschine zu einer feinen Masse rühren. Basilikum, Petersilie, Paprika, Romanokäse zugeben und pürieren. Öl langsam zugeben und zu einer mayonnaisenähnlichen Sauce rühren.

Den Teig in eine 30 cm ø Pizzaform geben, mit Pesto, Käse und Krabben bedecken. Die Tomatenscheiben auf den Belag platzieren und mit grünen Zwiebeln bestreuen.

12-15 Minuten goldbraun backen. Aus dem Backofen nehmen, in Portionen schneiden und servieren.

ERGIBT eine 30 cm ø Pizza

Vollweizen-Pizzateig

Zutaten:

1 Eßl. (8 g)	trockene aktive Hefe
180 ml	warmes Wasser
140 g	Vollweizenmehl
220 g	ungebleichtes Mehl
1	verquirltes Ei
½ Teel.	Salz
3 Eßl.	Olivenöl

Zubereitung:

Das Wasser in eine große Schale geben und Hefe darin lösen. 10 Minuten ruhen lassen, bis sich Schaum bildet. Das Vollweizenmehl, 80 g ungebleichtes Mehl, Ei, Salz und Öl zugeben und zu einer glatten Masse rühren.

Das restliche Mehl nach und nach zugeben und die Masse zu einem glatten Ball kneten.

Den Teig 15 Minuten steigen lassen und danach in zwei Hälften teilen. Jede Hälfte auf einer leicht bemehlten Arbeitsfläche zu einer Scheibe ausrollen.

Jede Teigscheibe in eine leicht geölte Pizzaform geben. Den Teig erneut 15 Minuten steigen lassen. Den Teig mit den Fingerspitzen anpressen, von der Mitte nach außen, bis die ganze Backform bedeckt ist.

Jetzt kann der Teig mit Sauce und angegebenen Zutaten bedeckt werden.

ERGIBT vier 20 cm ø Pizzas oder zwei 30 cm ø Pizzas

Sfinciuni
Doppeltgefüllte Pizza

Zutaten:

70 g	feingehackter Sellerie
100 g	gefüllte grüne Oliven, gehackt
20 g	gehackte Porcinipilze (große Schirmpilze)
40 g	gehackte Silberzwiebeln
1	feingehackte Knoblauchzehe
60 ml	Extra Virgin Olivenöl
2 Eßl.	cremiger Essig
½ Teel.	Salz
½ Teel.	Pfeffer
½ Teel.	getrocknete Thymianblätter
½ Teel.	getrocknete Basilikumblätter
½ Teel.	getrocknete Oreganoblätter
454 g	im Handel erhältlicher Gourmet-Pizzateig oder 1 Einheit unseres Rezeptes
115 g	Prosciutto Schinken
225 g	zerriebener Provolonekäse
	Extra Virgin Olivenöl zum Bestreichen

Zubereitung:

Sellerie, Oliven, Pilze, Zwiebeln, Knoblauch, Öl, Essig und Gewürze in einer Rührschüssel vermengen. 1½ Stunden im Kühlschrank marinieren lassen.

Backofen auf 230°C vorheizen.

Den Teig nach Anweisung herstellen und in zwei gleiche Hälften teilen.

Eine Hälfte in eine 30 cm ø Pizzaform geben. Mit marinierter Mischung, Schinken und Käse belegen. Die zweite Teighälfte ausrollen und die Pizza damit bedecken. Rundum anpressen, so daß die beiden Scheiben zusammenhalten. Mit Öl bestreichen.

30 Minuten goldbraun backen. Aus dem Backofen nehmen, in Portionen schneiden und servieren.

ERGIBT eine 30 cm ø Pizza

Gourmet-Pizzateig

Zutaten:

2 Eßl.	Zucker
60 ml	warmes Wasser
2 Eßl. (16 g)	trockene aktive Hefe
500 ml	Milch
1 Teel.	Salz
3 Eßl.	Butter
980 g	Mehl
1	verquirltes Ei
60 ml	Rahm

Zubereitung:

1 Teel. Zucker in das warme Wasser rühren. Die Hefe im Wasser lösen und 10 Minuten weichen lassen.

Milch, restlicher Zucker, Salz und Butter in eine Pfanne geben. Erhitzen und abkühlen lassen. Die Mischung in eine Rührschüssel geben.

Hefemischung und 450 g Mehl einrühren. 2 Minuten gut rühren. Abdecken. Den Teig 1 Stunde steigen lassen, dann restliches Mehl, Ei, und Rahm einrühren.

8 Minuten in Küchenmaschine kneten. Abdecken und steigen lassen.

Den Teig in gleiche Hälften oder Viertel teilen und in gutgefettete Pizzaformen geben (je nach Anweisung des Pizzarezeptes).
15 Minuten steigen lassen. Den Teig mit den Fingerspitzen gleichmäßig in den Formen von der Mitte ausstreichen, so daß die ganze Form bedeckt ist.

ERGIBT vier 20 cm ø Pizzas oder zwei 30 cm ø Pizzas

Sizilianische Pizza

Teig:

Zutaten:

2 Eßl. (16 g)	trockene aktive Hefe
250 ml	warmes Wasser
510 g	ungebleichtes Mehl evtl. mehr, je nach Bedarf
4	feingehackte Knoblauchzehen
3 Eßl.	gehackter Schnittlauch
60 g	frisch geriebener Parmesankäse
2	verquirlte Eier
60 ml	Olivenöl

Zubereitung:

Das warme Wasser in große Rührschüssel geben und die Hefe darin lösen. 10 Minuten ruhen lassen, bis sich Schaum bildet. 290 g Mehl, Knoblauch, Schnittlauch, Parmesan, Eier und Öl einrühren und zu einem glatten Teig rühren.

Das restliche Mehl nach und nach einrühren oder soviel, daß ein glatter Ball geformt werden kann.

Den Ball in eine gefettete Schale geben, abdecken und 15 Minuten ruhen lassen. Den Teil in zwei gleiche Hälften teilen und auf einer leicht bemehlten Arbeitsfläche zu jeweils einer Scheibe ausrollen.

Die Scheiben in leicht geölte Pizzaformen geben. 15 Minuten ruhen lassen. Den Teig gleichmäßig in den Formen von der Mitte ausstreichen, so daß die ganze Form bedeckt ist.

Jetzt kann der Teig mit Sauce und angegebenen Zutaten bedeckt werden.

Belag:

Zutaten:

4 Eßl.	Olivenöl
454 g	frische saftige Tomaten
3	feingehackte Knoblauchzehen
1 Eßl.	frischer Basilikum, gehackt
je ½ Teel.	Salz und Pfeffer
8	marinierte Artischockenherzen, abgetropft und geviertelt
225 g	Prosciutto Schinken, in dünne Streifen geschnitten
170 g	Gorgonzolakäse in Würfel geschnitten
170 g	geriebener Pecorinokäse
50 g	schwarze Oliven, entkernt und in Scheiben
2	frische, große Tomaten, in Scheiben

Zubereitung:

2 Eßl. des Öls in einer Pfanne erhitzen, während der Teig steigt.

Die Tomaten schälen und vierteln und zusammen mit Knoblauch, Basilikum, Salz und Pfeffer dem Öl zugeben. Hitze reduzieren und 30 Minuten köcheln lassen.

Den Teig mit dem restlichen Öl bestreichen und die Sauce aufstreichen. Mit Artischockenherzen und Schinken belegen.

Käse darüberstreuen und mit Oliven und Tomaten belegen.

10-12 Minuten im vorgeheizten Backofen bei 230°C goldbraun backen.

ERGIBT zwei 20 cm ø Pizzas.

Pfirsich-Melba Pizza

Zutaten:

345 g	geschälte, entkernte Aprikosen
454 g	frische Himbeeren
125 ml	Apfelsaft
2 Eßl.	Zitronensaft
50 g	Zucker
900 g	in Handel erhältlicher Gourmet-Pizzateig oder 1 Einheit des Rezeptes auf Seite 20
10	große Pfirsiche, geschält, entkernt und halbiert
270 g	Bel Paese Käse in Würfel geschnitten

Zubereitung:

Aprikosen und Himbeeren in Schale geben und mit Mixer oder Küchenmaschine pürieren. Durch einen Sieb geben, um die Kernchen zu entfernen. Das Püree in eine Pfanne geben. Apfelsaft, Zitronensaft und Zucker zugeben und zu einer sehr dickflüssigen Sauce köcheln lassen. Auf Zimmertemperatur abkühlen lassen.

Den Teig nach Anweisung herstellen.

Kochendes Zuckerwasser herstellen und Pfirsichhälften 5 Minuten blanchieren während der Teig steigt. Abtropfen und abkühlen lassen.

Den Teig nach Anweisung (siehe Gourmet-Pizzateig) in die Pizzaform geben. Himbeersauce auf dem Teig verteilen. Pfirsiche auf dem Teig platzieren. Mit Käse bestreuen und 10-12 Minuten im vorgeheizten Backofen bei 230°C goldbraun backen.

Den Teig aus der Form nehmen, in Portionen schneiden und servieren.

ERGIBT zwei 30 cm ø Pizzas.

San Diego Pizza

Teig:

Zutaten:

2 Eßl. (16 g)	trockene aktive Hefe
375 ml	warmes Wasser
600 g	Mehl oder mehr, je nach Bedarf
1 Teel.	Salz
je ½ Teel.	Basilikum, Thymian, schwarze, Pfefferkörner, angestoßen, Flocken roter Chilischoten
60 ml	Olivenöl

Zubereitung:

Das warme Wasser in große Rührschale geben und die Hefe darin lösen. 10 Minuten ruhen lassen, bis sich Schaum bildet.

300 g des Mehls, Salz und Gewürze einrühren. Zu einem glatten flüssigen Teig rühren. Das Öl einrühren. Weitere 150 g des Mehls zugeben und die Masse zu einem Ball formen. Soviel Mehl zugeben, bis ein glatter Teig entsteht. Der Teig sollte nicht klebrig sein.

Den Teig 5 Minuten lang kneten und 15 Minuten ruhen lassen. Dann in zwei Hälften teilen. Jede Hälfte zu einer 28 cm ø Scheibe ausrollen. Weitere 15 Minuten ruhen lassen. Jede Scheibe in eine 30 cm ø leicht geölte Pizzaform geben. Den Teig gleichmäßig in den Formen mit den Fingerspitzen von der Mitte ausstreichen, so daß die ganze Form bedeckt ist.

Jetzt kann der Teig mit Sauce und angegebenen Zutaten bedeckt werden.

Belag:

Zutaten:

3 Eßl.	Olivenöl mit Kräuteraroma
340 g	Hähnchenfleisch, ohne Knochen in Würfel geschnitten
340 g	große Krabben, geschält und gesäubert
250 ml	Diegosauce
680 g	geriebener Mozzarellakäse
70 g	geriebener Parmesankäse
8	marinierte Artischockenherzen, abgetropft, geviertelt
140 g	sonnengetrocknete Tomaten in Öl eingelegt
80 g	blanchierte Brokkolirosen

Zubereitung:

2 Eßl. des Olivenöls in einer kleinen Pfanne erhitzen. Hähnchenfleisch und Krabben darin garen.

Den Teig mit dem restlichen Öl bestreichen.

Pizza 125 ml der Sauce begießen. Hähnchen und Krabben darauf verteilen. Mit Käse zu gleichen Teilen bestreuen. Mit restlichen Zutaten belegen.

10-12 Minuten im vorgeheizten Backofen bei 230°C goldbraun backen.

ERGIBT zwei 30 cm ø Pizzas.

Diegosauce:

Zutaten:

3	scharfe, rote Chilischoten
80 ml	Olivenöl
1	feingehackte Zwiebel
2	feingehackte Knoblauchzehen
675 g	geschälte, entkernte Tomaten, in kleine Würfel geschnitten
2 Teel.	Oreganoblätter

Zubereitung:

Chilis entkernen und in Würfel schneiden und mit der halben Menge des Öls vermengen. 1 Stunde marinieren lassen.

Das restliche Öl in einer Pfanne erhitzen.

Zwiebeln und Knoblauch weichdünsten.

Marinade abgießen. Chilis und Zwiebeln vermischen. Tomaten und Oregano zugeben. Auf mittlere Hitze reduzieren und köcheln lassen, bis die Sauce dickflüssig ist.

Nach Bedarf verwenden, Überrest kann bis zu 10 Tagen im Kühlschrank aufbewahrt werden.

Palm Springs Pizza

Teig:

Zutaten:

2 Eßl. (16 g)	trockene aktive Hefe
60 ml	warmes Wasser
330 g	ungebleichtes Mehl
1 Teel.	Salz
80 ml	Olivenöl
2	verquirlte Eier

Zubereitung:

Das warme Wasser in eine große Rührschüssel geben und die Hefe darin lösen. 10 Minuten ruhen lassen. 150 g Mehl, Salz und Öl zugeben und zu einem flüssigen Teig rühren. 75 g Mehl und Eier zugeben und gut vermengen.

Den Teig auf eine bemehlte Arbeitsfläche stürzen. Während dem Kneten das restliche Mehl zugeben und zu einem glatten Ball formen.

In eine gefettete Schale geben, abdecken und den Teig 1 1/2 Stunden steigen lassen. Mit der Faust einmal klopfen und den Teig ausrollen. Die Teigscheibe in eine leicht geölte Form geben. Jetzt kann der Teig mit Sauce und angegebenen Zutaten bedeckt werden.

Belag:

Zutaten:

3 Eßl.	Olivenöl mit eingelegten roten Chilischoten
340 g	Hähnchenfleisch ohne Knochen, in Würfel
125 ml	Pizzasauce (siehe Seite 14)
70 g	Portobello Pilze in Scheiben geschnitten
150 g	geriebener Cacciocavallokäse
150 g	geriebener Mozzarellakäse
90 g	frische rote Paprikascheiben, geröstet

Zubereitung:

2 Eßl. Öl in einer Pfanne erhitzen und das Hähnchenfleisch dünsten.

Den Teig mit dem restlichen Öl bestreichen.

Die Pizza mit Pizzasauce begießen. Mit Hähnchenfleisch und Pilze belegen. Geriebenen Käse und Paprikastreifen darüberstreuen.

10-12 Minuten im vorgeheizten Backofen bei 230°C goldbraun backen.

6 Portionen

Küchentips

Portobello Pilze

Portobello Pilze haben große Schirme. Sie haben einen sehr reiches erdiges und kerniges Aroma. Sie eignen sich für allerlei Gerichte. Portobello Pilze können auch als Appetithäppchen, gefüllt, mariniert oder gegrillt serviert werden.

Tucson Pizza

Zutaten:

3 Eßl.	Olivenöl
454 g	scharfe italienische Wurst
1	Lauchstange, in dünnen Streifen
1	rote Paprikaschote, in feine Würfel geschnitten
2	Peperonischoten, in feine Würfel geschnitten
80 g	Porcini Pilze, in Scheiben geschnitten
1	feingeschnittene Knoblauchzehe
½ Teel.	Salz
je ¼ Teel.	Basilikum, Oregano, Thymian, schwarzer Pfeffer
250 ml	Pizzasauce (siehe Seite 14)
454 g	im Handel erhältlicher Gourmet-Pizzateig oder 1 Einheit des Rezeptes auf Seite 20)
100 g	geriebener Mozzarellakäse
110 g	Bocconcini Käse
60 g	frisch geriebener Parmesankäse
1	Ei

Zubereitung:

Das Öl in einem großen Topf erhitzen und die Wurst darin kochen. Das Fett abtropfen lassen. Das Gemüse zugeben und weichdünsten. Gewürze und Pizzasauce zugeben und Hitze reduzieren. 30 Minuten köcheln lassen. Auf Zimmertemperatur abkühlen lassen.

Den Teig nach Anweisung herstellen, ausrollen und in zwei Hälften teilen. Ein Hälfte in eine 23 cm ø Springform geben, die gekühlte Mischung einfüllen und mit Käse bestreuen. Mit der zweiten Teighälfte abdecken und ringsherum anpressen, sodaß die beiden Teigscheiben zusammenhalten. Überstehende Teigreste entfernen und zur Garnierung verwenden. Das Ei verquirlen und den Teig damit bestreichen.
25-30 Minuten im vorgeheizten Backofen bei 230°C goldbraun braten. Aus der Form nehmen, in Portionen teilen und servieren.

ERGIBT eine 23 cm ø Pizza

Jamaica Pizza

Zutaten:

1 Eßl.	geriebene Pimentfrüchte
1 Eßl.	getrockneter Thymian
1 ½ Teel.	Cayennepfeffer
1 ½ Teel.	frisch geriebener schwarzer Pfeffer
1 ½ Teel.	geriebener Salbei
¾ Teel.	geriebene Muskatnuß
¾ Teel.	geriebener Zimt
2 Eßl.	Salz
2 Eßl.	Knoblauchpulver
1 Eßl.	Zucker
60 ml	Olivenöl
60 ml	Sojasauce
180 ml	Weißweinessig
125 ml	Orangensaft
3 Eßl.	Limonensaft
1	scharfer schottischer Paprika, entkernt und feingehackt
1	Bermudazwiebel, gehackt
3	Schalotten, feingehackt
4-170 g	Hühnerbruststücke, ohne Haut und Knochen
1 Teel.	Maisstärke
2 Eßl.	Wasser
454 g	im Handel erhältlicher Gourmet-Pizzateig oder 1 Einheit des Rezeptes auf Seite 20
60 g	Shiitake Pilze, in Scheiben geschnitten
200 g	geriebener Colbykäse

Zubereitung:

Pimentfrüchte, Thymian, Cayennepfeffer, schwarzer Pfeffer, Salbei, Muskat, Zimt, Salz, Knoblauchpulver und Zucker in einer großen Rührschüssel mischen. Mit einem Metallschneebesen rühren und langsam das Olivenöl, Sojasauce, Essig, Orangen- und Limonensaft zugeben. Den schottischen Paprika, Zwiebeln und Schalotten zugeben und gut mischen.

Die Hühnerbruststücke zugeben, abdecken und mindestens 3 Stunden marinieren lassen.

Den Partygrill vorheizen. Die Bruststücke aus der Marinade nehmen und 6 Minuten auf jeder Seite grillen. Die Bruststücke während der Grillzeit mehrmals mit Marinade bestreichen. Abkühlen lassen und in mundgerechte Stücke schneiden. Die restliche Marinade in einer kleinen Pfanne erhitzen und aufkochen lassen. Maisstärke mit dem Wasser vermengen und der Marinade zugeben. Köcheln lassen, bis eine dickflüssige Sauce entsteht.

Backofen auf 230°C vorheizen.

Den Teig nach Anweisung herstellen und in eine 30 cm ø Pizzaform geben. Mit Hühnerfleisch, einer kleinen Menge der dickflüssigen Marinade, Pilze und Colbykäse bedecken. 15 Minuten goldbraun backen.

Aus dem Backofen nehmen, in Portionen schneiden und sofort servieren.

ERGIBT eine 30 cm ø Pizza

Küchentips

Shiitake Pilze

Shiitake Pilze haben ein kerniges Aroma und sind Schirmpilze. Sie eignen sich als Beilage oder als Zutat in Geschnetzeltem. Shiitake Pilze sind auch unter dem Namen Eichenpilze bekannt, weil sie bevorzugt auf Eichen wachsen. Sie sind hauptsächlich in Asien wild aufzufinden; sind jedoch überall auf der Welt frisch erhältlich.

Focaccia mit Paprikafüllung

Zutaten:

2	Knoblauchzehen, gepreßt
2 Eßl.	Olivenöl mit eingelegten Chilischoten
1 Eßl. (8 g)	getrocknete Hefe
375 ml	warmes Wasser
1 Teel.	Kristallzucker
550 g	ungebleichtes Mehl
1 ½ Teel.	Salz
2	Peperonischoten, feingeschnitten
30 g	Basilikumblätter, gehackt

Belag:

3 Eßl.	Olivenöl mit eingelegten Kräutern
3	scharfe, rote Chilischoten, feingeschnitten
2 Eßl.	Basilikumblätter, gehackt
1 Eßl.	grobes Meersalz

Füllung:

je 3	rote und gelbe Paprikaschoten
1	Aubergine
60 ml	Olivenöl mit eingelegten Kräutern
je 1 Teel.	schwarze Pfefferkörner, angestoßen und Meersalz
4	Tomaten, geschält, entkernt und in kleine Würfel geschnitten
2	rote Zwiebeln, in dünne Scheiben geschnitten
120 g	Provolone Käse, in dünne Scheiben geschnitten
120 g	Prosciutto Schinken, in dünne Scheiben geschnitten
120 g	Mortadella, in dünne Scheiben geschnitten

Zubereitung:

Olivenöl in Pfanne geben und Knoblauchzehen über kleiner Flamme rösten. Knoblauchzehen entnehmen und aufbewahren. Das Öl abkühlen lassen.

Hefe und Zucker in das warme Wasser einrühren und 10 Minuten ruhen lassen. Gekühltes Olivenöl zugeben. Gerösteter Knoblauch, Mehl, Salz, Peperon und Basilikum einrühren. 6-8 Minuten mit der Hand kneten.

Teig in eine leicht geölte Schale geben, abdecken un steigen lassen, bis das doppelte Volumen erreicht ist Den Teig in eine 33 cm ø große Pizzaform geben un den Teig ziehen, so daß die Form so gut wie möglich bedeckt ist. Abdecken und 15 Minuten ruhen lassen Den Teig mit Einbuchtungen versehen und den Teig erneut ziehen, um jetzt die ganze Form zu bedecken Den Teig ca. 50 Minuten steigen lassen, bis er leicht und luftig ist.

Den Backofen auf 200°C erhitzen. Die Finger leicht in das Olivenöl tauchen und den ganzen Teig erneut m Einbuchtungen versehen. Mit Chili, Basilikum und Sa bestreuen. 25-30 Minuten backen, bis der Teig eine knusprige Umrandung hat. Kurz abkühlen lassen, Tei aus der Form nehmen und auf einem Abkühlgitter auskühlen lassen.

Während die Focaccia abkühlt, können die Paprika schoten und die Aubergine in Streifen geschnitten werden. Die Streifen mit Öl bestreichen, mit Salz un Pfeffer bestreuen und 3-5 Minuten im Backofen rösten.

Focaccia in zwei Lagen schneiden und mit geröstete Gemüse, Tomaten, Zwiebeln, Käse und Schinken füllen.

ERGIBT eine 33 cm ø große Focaccia Pizza

Küchentips

Andouille Wurst

Andouille Wurst ist eine starkgewürzte, aus Schweinefleisch hergestellte Wurst. In der Louisiana Cajunischen und Creolischen Küche verwendet und kommt ursprünglich aus Frank reich. Sollte Andouille Wurst nicht erhältlich sein, kann sie durch eine scharfgewürzte italie nische oder eine spanische Chorize Wurst ersetzt werden. Es ist nahezu unmöglich, alle Wurstsorten der Welt aufzuzählen. Deutsch land alleine bietet eine Auswahl von 1500 verschiedenen Sorten. Wir empfehlen, Ihre persönlich bevorzugte Sorten zu verwenden.

Kartoffel-Hühnchen Calzone

Zutaten:

3 Eßl.	Olivenöl
225 g	Hühnerbruststück(e), ohne Knochen, in Streifen geschnitten
1 Eßl.	frischer Rosmarin, gehackt
1 Teel.	feingeschnittener Knoblauch
	Salz und Pfeffer zum Abschmecken
454 g	im Handel erhältlicher Knoblauch-Parmesan Pizzateig oder 1 Einheit unseres Rezeptes
250 ml	Pizzasauce (siehe Seite 14)
225 g	teilgekochte neue Kartoffeln in Scheiben geschnitten
225 g	Ricottakäse
100 g	geräucherter Gouda, gerieben
40 g	geriebener Provolone Käse
1	verquirltes Ei

Zubereitung:

Öl in einer großen Pfanne erhitzen. Hühnerfleisch zugeben und mit Rosmarin, Knoblauch, Salz und Pfeffer bestreuen.

Den Teig nach Anweisung herstellen.

Den Teig zu vier Scheiben ausrollen. Zwei Scheiben in jeweils eine 20 cm ø Pizzaform geben.

Backofen auf 230°C vorheizen.

Die Pizzasauce gleichmäßig auf die Teige in den Formen verteilen. Mit Hühnerfleisch und Kartoffeln bedecken.

Die geriebenen Käsesorten vermischen und auf die Pizzas geben.

Die restlichen Teigscheiben zum Abdecken der Pizzas verwenden. Ringsum gut anpressen, so daß die Teige zusammenhalten. Mit dem Ei bestreichen. Mit einer Gabel in die Teigdecke stechen, damit entstehender Dampf entweichen kann.

15-20 Minuten goldbraun backen.

ERGIBT zwei 20 cm ø Pizzas

Knoblauch-Parmesan Pizzateig

Zutaten:

2 Eßl. (8 g)	trockene aktive Hefe
250 ml	warmes Wasser
510 g	ungebleichtes Mehl (nach Bedarf, evtl. mehr)
4	feingeschnittene Knoblauchzehen
60 g	frisch geriebener Parmesankäse
2	verquirlte Eier
60 ml	Olivenöl

Zubereitung:

Das warme Wasser in eine große Rührschüssel geben und die Hefe darin lösen. 10 Minuten ruhen lassen oder bis sich Schaum bildet. 290 g des Mehls, Knoblauch, Parmesan, Eier und Öl einrühren und einen glatten Teig herstellen.

Das restliche Mehl langsam einrühren und kneten, so daß ein glatter Teigball entsteht. Nach Bedarf mehr Mehl verwenden.

Den Teigball in eine geölte Schale geben. Abdecken und 15 Minuten steigen lassen. Den Teig in zwei Hälften teilen und beide Hälften, auf leicht bemehlter Arbeitsfläche, zu Scheiben ausrollen. Teigscheiben in leichtgeölte Formen geben und 15 Minuten steigen lassen. Den Teig mit den Fingerspitzen gleichmäßig in den Formen von der Mitte ausstreichen, so daß die ganze Form bedeckt ist.

Jetzt kann der Teig mit Sauce und angegebenen Zutaten bedeckt werden.

ERGIBT vier 20 cm ø oder zwei 30 cm ø Pizzas

Würzige Pizza

Zutaten:

345 g	Hühnchenfleisch ohne Knochen
60 ml	Frank Durkee's™ Louisiana Hot Sauce (scharfe Sauce)
340 g	im Handel erhältlicher Kräuterteig oder 1 Einheit unseres Rezeptes
140 g	Sellerie, in Würfel geschnitten
250 ml	Pizzasauce (siehe Seite 14)
210 g	zerriebener Blauschimmelkäse
375 ml	geriebener Hartkäse
140 g	geriebener Parmesan Parmesankäse
100 g	geriebener Provolone Provolone Käse

Zubereitung:

Das Hühnerfleisch in Würfel schneiden und in eine Rührschale geben. Die scharfe Sauce darübergießen und 1½ Stunden im Kühlschrank marinieren lassen. Die Hühnerstreifen 8-10 Minuten grillen.

Den Teig nach Anweisung herstellen.

Backofen auf 230°C vorheizen.

Den Teig nach Anweisung in die Form geben. Pizzasauce löffelweise auftragen, einen 1,5 cm breiten äußeren Rand freihalten. Mit Hühnerfleisch und Sellerie bedecken. Mit den verschiedenen Käsesorten bestreuen.

15 minutes backen, bis die Kruste goldbraun ist. Aus der Form nehmen, in Portionen teilen und servieren.

ERGIBT zwei 20 cm ø Pizzas oder eine 30 cm ø Pizza

Kräuterteig

Zutaten:

2 Eßl. (8 g)	trockene aktive Hefe
375 ml	warmes Wasser
600 g	Mehl (nach Bedarf evtl. mehr)
1 Teel.	Salz
je ½ Teel.	getrockneter Basilikum, Thymian, Oregano, Knoblauchpulver, Zwiebelpulver, Kerbel und schwarzer angestoßener Pfeffer
60 ml	Olivenöl

Zubereitung:

Das warme Wasser in eine große Rührschüssel geben und die Hefe darin lösen. 10 Minuten ruhen lassen oder bis sich Schaum bildet.

300 g des Mehls, Salz und Gewürze einrühren und zu einem glatten Teig rühren. Öl einrühren, 150 g des Mehls zugeben und zu einem Ball formen. Genügend Mehl zugeben, daß ein glatter Teig entsteht. Der Teig sollte nicht klebrig sein.

5 Minuten kneten und 15 Minuten steigen lassen. Den Teig in zwei Hälften teilen und beide Hälften zu je einer 28 cm ø Teigscheibe ausrollen.Weitere 15 Minuten steigen lassen. Die Teige in je eine 30 cm ø Pizzaform geben. Den Teig mit den Fingerspitzen gleichmäßig in den Formen von der Mitte ausstreichen, so daß die ganze Form bedeckt ist.

Jetzt kann der Teig mit Sauce und angegebenen Zutaten bedeckt werden.

ERGIBT vier 20 cm ø oder zwei 30 cm ø Pizzas

Pizza mit Pfefferminzlikö

Zutaten:

50 g	Butter
205 g	brauner Zucker - Würfelzucker
1	Ei
60 ml	Kahlua Likör
60 ml	weißer, cremiger Pfefferminzlikör
225 g	Mehl
½ Teel.	Backpulver
½ Teel.	Natron
170 g	halbbittere Schokoladenstückchen
2 Eßl.	grüner, cremiger Pfefferminzlikör
130 g	Puderzucker

Zubereitung:

Butter, Zucker und Ei cremig rühren. Kahlua Likör und weißer Pfefferminzlikör zugeben. Mehl, Backpulver und Natron sieben und in einer Schale vermengen. Mischung in Likörmischung rühren und die Schokola denstückchen unterheben. Den Teig in eine, mit Butter eingefettete 30 cm ø Pizzaform geben. 20-25 Minuten im vorgeheizten Backofen bei 180°C backen.

Den grünen Pfefferminzlikör und Puderzucker miteinander vermengen und über die Pizza träufeln. Abkühlen lassen und in Portionen schneiden.

ERGIBT eine 30 cm ø Pizza.

Pizza als Dessert

Zutaten:

454 g	im Handel erhältlicher Süßer Teig oder 1 Einheit unseres Rezeptes
1 (7 g)	geschmacklose Blattgelatine
60 ml	kaltes Wasser
225 g	gekneteter Frischkäse
100 g	Kristallzucker
180 ml	Milch
1 Teel.	Vanilleextrakt
250 ml	Schlagsahne, steifgeschlagen
80 g	eingelegte Himbeeren oder Himbeermarmelade
125 g	Kekse mit Schokoladencremefüllung, grob zerrieben

Zubereitung:

Backofen auf 200°C vorheizen.

Den Teig nach Anweisung herstellen. Ausrollen und in eine 30 cm ø Springform (Boden und Seite) damit auslegen. Den Teig mit Aluminiumfolie abdecken und 15 Minuten goldbraun backen. Auf Zimmertemperatur abkühlen lassen.

Die Gelatine im Wasser einweichen; über kleiner Flamme rühren, bis die Gelatine ganz gelöst ist. Frischkäse, Zucker und Vanille in einer Schale geben und rühren, bis die Teile gut vermischt sind. Gelatine und Milch langsam in die Mischung einrühren und gut einarbeiten.

Die Mischung im Kühlschrank lagern, bis sie eindickt, jedoch sich nicht setzt. Die Schlagsahne unterheben. Den Teig mit Himbeeren bedecken. ⅔ der Füllung auf den Teig gießen und erneut kühlstellen, bis sich die Füllung setzt. Mit Kekskrümeln und dem restlichen Teil der Füllung bedecken. Kühlstellen und setzen lassen.

ERGIBT eine 30 cm ø Pizza

Süßer Teig

Zutaten:

1 Teel.	Kristallzucker
250 ml	warmes Wasser
1 Eßl. (8 g)	trockene aktive Hefe
2 Eßl.	Butter, geschmolzen und gekühlt
530 g	Mehl
1 Prise	Salz
2	verquirlte Eier
50 g	Zucker
1 Eßl.	Vanille
1 Eßl.	abgeriebene Zitronenschale
1 Teel.	Zimt

Zubereitung:

Das warme Wasser in eine große Schale geben und den Zucker darin lösen. Mit Hefe bestreuen und 10 Minuten ruhen lassen, bis sich Schaum bildet. Die Butter einrühren.

Die Hälfte des Mehls, Salz, Eier, Zucker, Vanille, Zitronenschale und Zimt in die Hefemischung einrühren. Genügend Mehl nach und nach einrühren und zu einem leicht klebrigen Ball herstellen.

Den Teig ca. 5 Minuten auf leicht bemehlter Arbeitsfläche kneten, bis er glatt und elastisch ist.

Den Teig in eine gefettete Schale geben und 15 Minuten steigen lassen. Mit der Faust einmal klopfen und in zwei Hälften teilen. Jede Hälfte zu einer 28 cm ø Scheibe ausrollen. Weitere 15 Minuten steigen lassen.

Jede Hälfte in eine 30 cm gefettete Pizzaform geben. Den Teig mit den Fingerspitzen gleichmäßig in den Formen von der Mitte ausstreichen, so daß etwa die Hälfte der Form bedeckt ist. Den Teig 10 Minuten ruhen lassen und erneut ausstreichen, so daß die ganze Form bedeckt ist.

Jetzt kann der Teig mit Sauce und angegebenen Zutaten bedeckt werden.

ERGIBT zwei 30 cm ø Pizzas

Caffè Mocha
Caffè Latte

Schokoladen-Pizza

Zutaten:

Teig:

180 ml	Maissirup
80 ml	Schlagsahne
225 g	halbbittere Schokoladenstückchen
100 g	Butter
110 g	Vanillezucker
2	verquirlte Eier
½ Teel.	Vanilleextrakt
120 g	Mehl
½ Teel.	Salz
60 g	Pekannüsse, gehackt

Füllung:

1 Eßl. (7 g)	geschmacklose Gelatine
80 ml	Wasser
225 g	Frischkäse, glattgerührt
80 g	Schokoladenstückchen, geschmolzen
125 ml	gesüßte Kondensmilch
1 Teel.	Vanille
125 ml	Schlagsahne, steifgeschlagen

Belag:

¼ Teel.	Salz
1 Teel.	Vanille
3 Eßl.	Butter

Zubereitung:

Teig:

Backofen auf 180°C vorheizen. 30 cm ø Pizzaform einfetten und mit Mehl bestreuen.

Maissirup und Schlagsahne in einen 3 l Pfanne oder Topf geben und schnell erhitzen. 3 Minuten kochen lassen. Von der Hitze nehmen und Schokoladenstück chen zugeben, solange rühren, bis die ganze Schoko lade geschmolzen ist. 170 ml der Sauce aufbewahren

Butter und Zucker einrühren und homogenisieren. Eie und Vanille einrühren. Mehl, Salz und Nüsse langsam zugeben und unterrühren.

Den Teig in die Pizzaform füllen und 20 Minuten backen, bis die Einstechnadel nach dem Herauszieher ohne Krümel bleibt. Auf Zimmertemperatur abkühlen lassen.

Füllung:

Die Gelatine im Wasser einweichen und erwärmen, s daß die Gelatine sich völlig löst. Von der Hitze nehme und abkühlen lassen.

Käse, Schokolade, Milch und Vanille miteinander cremigrühren. Die Gelatine einrühren und die Schlag sahne unterheben. Mischung auf die Pizza geben und 4 Stunden im Kühlschrank lagern.

Belag:

Salz, Vanille und Butter in den aufbewahrten Sirup rühren. Pizza in Portionen schneiden und servieren. Jede Portion beim Servieren mit Sirupsauce begießen

ERGIBT eine 30 cm ø Pizza.

Apfel-Pizza

Zutaten:

70 g	Butter
210 g	brauner Würfelzucker
1	Ei
140 g	Apfelmus
2 Teel.	Apfelsaftkonzentrat
190 g	Mehl
1 Teel.	Backpulver
½ Teel.	Natron
½ Teel.	Salz
70 g	Rosinen, ohne Kernchen
60 g	Walnußstücke

Zubereitung:

Butter und Zucker in Pfanne erhitzen, bis der Zucker gelöst ist. Ei, Apfelmus und Apfelsaft mit Schneebesen einrühren. Mehl, Backpulver, Natron und Salz sieben, miteinander vermischen und in die Apfelmischung einrühren. Rosinen und Walnüsse unterheben. Masse in eine gefettete 30 cm ø Pizzaform gießen.

25 Minuten im vorgeheizten Backofen bei 180°C backen. Aus dem Backofen nehmen und mit Apfelguß überziehen und in Portionen schneiden.

ERGIBT eine 30 cm ø Pizza

Apfelguß

Zutaten:

200 g	Puderzucker
2 Eßl.	Apfelsaftkonzentrat

Zubereitung:

Eine homogene Mischung aus beiden Zutaten herstellen und über die Pizza gießen.

ERGIBT eine 30 cm ø Pizza.

Küchentips

Äpfel

Seit dem Johnny Appleseed die ersten paar Samen säte, fallen die Äpfel von Bäumen und treffen manchmal einen Spaziergänger auf den Kopf, wie es Sir Isaac Newton passierte. Doch es bedarf mehr als Schwerkraft, um zu erkennen, welcher Apfel sich zum Kochen eignet. Jede der folgenden Sorten kann in der Küche verwendet werden. Sie eignen sich ebenfalls für die Hausbäckerei: Baldwin, Empire, Rote und Goldene Delicious, Granny Smith, Rote Ida, Lodi, Macintosh, Mutsu, Russet und viele andere. Solange sie fest, frisch und ohne Fall- oder Stoßflecken sind. Wenn es irgendwie möglich ist, sollten die Äpfel nicht geschält werden. Denn die Apfelhaut enthält den Großteil der Nährstoffe.

Heidelbeer-Pizza

Zutaten:

150 g	Kristallzucker
80 g	Mehl
1 Prise	Salz
3 Eßl.	geschmolzene Butter
1½ Teel.	abgeriebene Zitronenschale
60 ml	Zitronensaft
3	verquirlte Eigelbe
250 ml	7-UP® (wenn nicht erhältlich, klare süße Limonade verwenden)
125 ml	Milch
3	Eiweiß
140 g	frische Heidelbeeren

Belag:

560 g	Heidelbeeren
50 g	Kristallzucker
2 Eßl.	Zitronensaft
6 Eßl.	Maisstärke
125 ml	Apfelsaft

Zubereitung:

Backofen auf 180°C vorheizen.

Zucker, Mehl und Salz in einer großen Rührschüssel vermengen. Butter, Zitronenschale und Zitronensaft einrühren.

Eigelbe, süße Limonade und Milch in kleiner Schale vermengen und der Mehlmischung zugeben.

Eiweiß steifschlagen und vorsichtig in die Mischung heben. Heidelbeeren einrühren. Mischung in eine ungefettete 20 x 20 x 5 cm Backform geben. Backform in eine größere Form stellen. Die größere Form 2,5 cm tief mit heißem Wasser füllen. 35-40 Minuten backen, bis die Oberfläche goldbraun ist und elastisch ist.

Auf Zimmertemperatur abkühlen lassen. 2 Stunden im Kühlschrank lagern.

Belag:

Heidelbeeren, Zucker und Zitonensaft in eine Pfanne geben. Maisstärke mit Apfelsaft vermischen und der Heidelbeersauce zugeben. Über niedriger Hitze köcheln lassen, bis die Mischung dickflüssig wird. Abkühlen lassen. Die Pizzaportionen beim Servieren damit übergießen.

6 Portionen

Schokoladen-Nuß Pizza

Zutaten:

Teig:

½ Teel.	Natron
2 Teel.	Backpulver
300 g	feines weißes Mehl
210 g	weißer Zucker
90 g	Backfett
2	verquirlte Eier
1 Teel.	Vanilleextrakt

Füllung:

70 g	Erdnüsse, gehackt
180 g	halbbittere Schokoladenstückchen
50 g	Mini Marshmallows oder Mini-Mohrenköpfe

Belag:

80 g	Karamelstückchen
100 g	Puderzucker
60 ml	kochendes Wasser
250 ml	Schlagsahne
1 Teel.	Vanilleextrakt

Zubereitung:

Teig:

Natron, Backpulver und Mehl sieben und zusammen in eine Schale geben. Zucker und Backfett cremigrühren. Eier einzeln zugeben und gut einrühren. Vanille einrühren. Mehl nach und nach zugeben und gut untermischen. Den Teig auf Wachspapier geben und einrollen. 1 Stunde im Kühlschrank lagern.

Füllung:

Backofen auf 180°C vorheizen. Den gekühlten Teig in 6 mm dicke Scheiben schneiden und in eine leicht gefettete 30 cm ø Pizzaform platzieren. 10-12 Minu ten goldbraun backen.

Die Pizza mit Erdnüssen, Schokoladenstückchen und Marshmallows bestreuen, solange die Pizza heiß ist. Weitere 3-5 Minuten backen, bis die Schokoladen stückchen und die Marshmallows geschmolzen sind.

Belag:

Karamelstückchen im Wasserbad schmelzen. Zucker und Wasser einrühren. Von der Hitze nehmen und abkühlen lassen.

Die Schlagsahne steifschlagen und in die Karamel mischung heben. Vanille zugeben. Die Pizzaportionen beim Servieren damit begießen.

ERGIBT eine 30 cm ø Pizza.

Küchentips

Als interessante Variation, können die Schokoladenstückchen durch folgende Kombination ersetzt werden:

60 g	halbbittere Schokoladenstückchen
60 g	weiße Schokoladenstückchen
60 g	Karamelstückchen

Erdnußbutter-Pizza

Zutaten:

Teig:

½ Teel.	Natron
2 Teel.	Backpulver
300 g	feines weißes Mehl
210 g	weißer Zucker
90 g	Backfett
2	verquirlte Eier
½ Teel.	Vanilleextrakt
250 ml	Buttermilch

Füllung:

125 g	Erdnußbutter
80 g	Frischkäse, glattgerührt
3 Eßl.	Vanillezucker*
1 Prise	Salz
3 Eßl.	weiche Butter
2 Eßl.	Sahne
1 Eßl.	Vanille
80 g	Himbeeren, eingelegt oder Himbeermarmelade
1-2 Eßl.	Wasser
3	Bananen, in Scheiben
70 g	gehackte Erdnüsse

Belag:

454 g	frische Himbeeren
2 Eßl.	Zitronensaft
3 Eßl.	Zucker
80 g	geriebene halbbittere Schokolade
1 Eßl.	Butter

Zubereitung:

Teig:

Natron, Backpulver und Mehl sieben und in einer Schale vermengen. Zucker und Backfett cremigrühren. Eier einzeln zugeben und gut untermischen. Vanille einrühren. Mehlmischung und Buttermilch abwechselnd in Dritteln einrühren. Den Teig auf Wachspapier geben und einrollen. 1 Stunde im Kühlschrank lagern.

Backofen auf 190°C vorheizen. Den gekühlten Teig in 6 mm dicke Scheiben schneiden und in eine leichtgefettete 30 cm ø Pizzaform platzieren. 10-12 Minuten goldbraun backen. Auf Zimmer temperatur abkühlen lassen.

Füllung:

Schale und Schneidemesser der Küchenmaschine kühlen. Erdnußbutter und Frischkäse cremig rühren. Vanillezucker, Salz, Butter und Vanille zugeben und zu einer leichten Masse rühren.

Eingelegte Himbeeren oder Himbeermarmelade mit Wasser verdünnen, für leichte Streichbarkeit. Den Teigboden damit bestreichen.

Die cremige Mischung auftragen und 1-2 Stunden kühlstellen. Bananen auflegen und mit gehackten Erdnüssen bestreuen.

Belag:

Die Himbeeren in der Zwischenzeit mit Mixer oder Küchenmaschine pürieren und durch Sieb geben, so daß die Kernchen entfernt werden. Püree in einen Topf geben.

Zitronensaft und Zucker zugeben und aufkochen. Hitze reduzieren und köcheln lassen, bis die Mischung auf 250 ml reduziert ist. Die Schoko lade einrühren. Von der Hitze nehmen und mit dem Schneebesen die Butter einrühren. Auf Zimmertemperatur abkühlen lassen. Die Pizza portionen beim Servieren damit begießen.

ERGIBT eine 30 cm ø Pizza.

* Vanillezucker kann so hergestellt werden: 1-2 Vanilleschoten in 410 g weißen Zucker platzie ren und in luftdichtes Gefäß geben. Nach 2 Wo chen Lagerung in kühlem, dunklen Raum, hat der Zucker das Vanillearoma angenommen.

Pizza-Buttertorte

Zutaten:

100 g	Butter
150 g	Mehl
270 g	brauner Zucker
2	verquirlte Eier
80 g	Hafermehl
1/4 Teel.	Salz
1/2 Teel.	Backpulver
1 Teel.	Vanille
60 g	Pekannußstücke
80 g	Rosinen

Zubereitung:

Butter, Mehl und 2 Eßl. Zucker miteinander vermischen. Eine 30 cm ø Pizzaform mit Butter einfetten und Teig in Form geben. 15 Minuten im vorgeheizten Backofen bei 180°C backen.

Eier mit dem restlichen Zucker verquirlen. Hafermehl, Salz und Backpulver einrühren. Gut vermengen. Vanille, Nüsse und Rosinen einrühren.

Teig in Form gießen und weitere 20 Minuten backen. Abkühlen lassen und in Portionen schneiden.

ERGIBT eine 30 cm ø Pizza.

Bananen Split-Pizza

Zutaten:

Teig:

100g	Butter
125 ml	Öl
250 ml	Wasser
4 Eßl.	ungesüßter Kakao
300 g	Mehl
410 g	Kristallzucker
2	Eier
1 Teel.	Natron
125 ml	Buttermilch
1 Teel.	Vanilleextrakt

Belag:

225 g	glattgerührter Frischkäse
170 ml	gesüßte Kondensmilch
1 Teel.	Vanilleextrakt
160 g	Bananenscheiben
20	frische große Erdbeeren, gewaschen und Stiele entfernt
280 g	Schokoladenstückchen
1 Eßl.	Butter

Zubereitung:

Backofen auf 180°C vorheizen. Eine 23 x 33 cm Backform einfetten und mit Mehl bestreuen.

Butter, Öl, Wasser und Kakao in Topf vermischen und aufkochen. Mischung der Mehl-Zucker Mischung zugeben und glattrühren.

Eier, Natron, Buttermilch und Vanille zugeben und gut mischen. Teig in die vorbereitete Backform gießen und 20 Minuten backen. Auf Zimmertemperatur abkühlen lassen.

Frischkäse lockerrühren. Milch langsam zugeben und lockerrühren. Saft und Vanille zugeben. Kühlstellen, bis die Masse dick und gesetzt ist. Teig mit Masse bestreichen und mit Erdbeeren garnieren.

Schokolade und Butter zusammen im Wasserbad schmelzen und über die Pizza träufeln. 45 Minuten kühlstellen. Servieren.

ERGIBT 24 Stücke

Küchentips

Bananen und anderes Obst oxidiert sehr schnell und wird braun an der Oberfläche. Dies kann durch das Beträufeln von Zitronen saft oder Zuckerwasser verhindert werden.

Honolulu Pizza

Zutaten:

Teig:

310 g	Zucker
4	verquirlte Eier
125 ml	geschmolzene Butter
230 g	Mehl
50 g	Kokosflocken
100 g	Macadamianußstücke (weiche Nuß aus Hawaii)
1/2 Teel.	Natron
1/2 Teel.	Salz
480 g	Ananasflocken, abgetropft

Belag:

250 ml	Schlagsahne
40 g	Puderzucker
620 g	Ananasflocken, mit Saft
80 g	Ananas oder Vanille Instantpudding

Zubereitung:

Teig:

Eier in Schale geben und Zucker einrühren. Die Butter mit Schneebesen einrühren. Die restlichen Zutaten einarbeiten. Den Teig in eine gefettete 30 cm ø Pizza form gießen.

30-35 Minuten im vorgeheizten Backofen bei 180°C backen. Völlig auskühlen lassen.

Belag:

Schlagsahne steifschlagen. Puderzucker einrühren. Ananas und Pudding zusammenrühren, bis es sich setzt. Schlagsahne unterheben. Masse löffelweise auf den ausgekühlten Pizzateig geben. In Portionen schneiden und servieren.

ERGIBT eine 30 cm ø Pizza

Nudeln

Die ursprüngliche Herkunft von Nudeln ist nach wie vor unbekannt. Jede Nation der Erde kreierte ihre Version oder Versionen von "Teigstreifen" und deren Rezepte für die Küche. Nudeln sind schon zu der Zeit der chinesischen Ming Dynastie in der Küche verwen det worden. Allgemein nimmt man an, daß Marco Polo die "Nudeln" zuerst in Italien präsentiert hat, nachdem er von seiner Expedition im 13. Jahrhundert aus asiatischen Ländern heimkehrte.

Nudeln waren in Italien jedoch schon zuvor bekannt. Prinz Theodric der Teutonen aus der Vistual Gegend griff Italien um das Jahr 405 n. Ch. an und brachte dort eine Nudelart mit sich. Das gibt uns den Hinweis, daß Nudeln also noch früher bestanden haben müssen.

Rom als Imperium hatte eine sehr ähnliche Nudel, wie die Tagliatelle (ca. 2 cm breite, lange Nudeln, die auch unter dem Namen Mafalda bekannt sind damals nannte man diese Nudeln Laganum. Nachdem Marco Polo heimkehrte, wurde diese Nudel in der italienischen Bevölkerung sehr belieb soviel weiß man.

Von Italien aus verbreitete sich die Nudel als Geri (Tagliarini) über Europa und wurde "Nouilles" in Frankreich, "Fideos" in Spanien, "Nudeln" in Deutschland und "Noodle" in England.

Heute wissen wir, daß die Nudel die ganze Welt i neue kulinarische Expeditionen geführt hat und ni

ehr nur als Ergänzung zu Tomaten- und Cremesau
n beschränkt werden wird. Hier, im Originalen
za & Nudel Kochbuch bieten wir einzigartige und
eative Gerichte an, von denen nicht einmal Marco
lo geträumt hätte. Gerichte, wie Mediterrane
diatore, oder Meeresfrüchte auf Linguine mit
prika Pesto wären, sowohl von den ehrwürdigen
rschern, alsauch von Ihren Gästen sehr geschätzt.

r bieten in diesem Buch Ideen mit Nudeln als
rspeisen, Suppen, Salate, Hauptgerichte und sogar
sserts an. Es kann ein komplettes Fünf-Gänge-
richt aus den präsentierten Rezepten
sammengestellt werden.

Für manche Leute sind Schokoladennudeln vielleicht nur ein Traum, doch sie sind in diesen Seiten auffindbar. Bieten Sie Ihren Gästen Expresso Cannoli mit Kaffee-Schokoladensauce an. Oder noch besser, verwenden Sie einen unserer 15 Nudelteige und kreieren Sie Ihr ganz persönliches Nudelgericht. Eines ist ganz sicher; das Endresultat wird ein einzigartiger Eßgenuß.

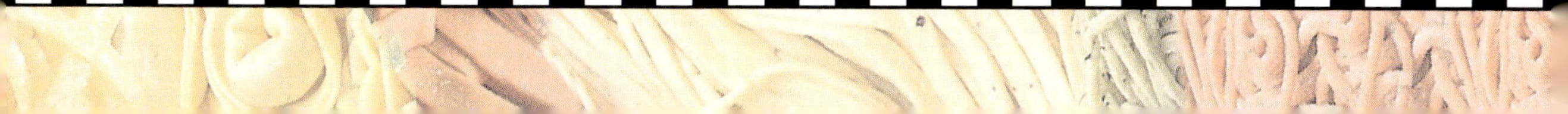

Mediterrane Radiatore

Zutaten:

345 g	Radiatore Nudeln
160 g	marinierte Artischockenherzen, abgetropft
345 g	Hühnerbruststücke, ohne Haut und Knochen
2 Eßl.	Olivenöl
2 Eßl.	Mehl
125 ml	Rahm
350 g	gedünstete Tomaten
2 Eßl.	frische Petersilie, gehackt
2 Teel.	frischer Basilikum, gehackt
1 Teel.	Dijon Senf mit Samenkörnern
115 g	Prosciutto Schinken, in feine Streifen geschnitten
3 Eßl.	reife schwarze Oliven, in Scheiben geschnitten
	Salz und frisch gemahlener Pfeffer zum Abschmecken
30 g	geriebener Romano Käse

Zubereitung:

Die Nudeln nach Anweisung zubereiten. Während die Nudeln kochen, kann die Flüssigkeit der Artischocken herzen ausgepreßt werden. Die Artischocken der Länge nach halbieren.

Die Bruststücke in 2.5 cm große Würfel schneiden.

Das Öl in einer großen Pfanne über mittlerer Flamme erhitzen. Hühnerfleisch und Artischockenherzen zugeben und ca. 6 Minuten dünsten, bis das Fleisch goldbraun ist, darauf achten, daß nichts ankocht.

Das Fleisch mit Mehl bestreuen, Hitze reduzieren und 2 Minuten weiterdünsten. Rahm zugeben und köcheln lassen, bis die Sauce dickflüssig ist. Tomaten, Petersilie, Basilikum und Senf zugeben. Aufkochen lassen, dann Hitze reduzieren und solange köcheln lassen, bis die Sauce auf das halbe Volumen reduziert ist. Den Schinken einrühren.

Die Nudeln abtropfen lassen und wieder in den Topf geben. Die Sauce über die Nudeln gießen und Oliven zugeben. Mit Salz und Pfeffer abschmecken, wenn nötig.

In heißen Schalen servieren und mit Käse bestreuen.

4 Portionen

Sauce:

Zutaten:

1 Eßl.	Butter
80 g	Champignonscheiben
225 g	gekochtes, geräuchertes Hühnerfleisch, in Würfel
6	sonnengetrocknete Tomaten, grob geschnitten
750 ml	Mornaysauce (siehe Seite 12)

Zubereitung:

Butter in einem Topf erhitzen. Champignons darin dünsten. Hühnerfleisch, Tomaten und Mornaysauce zugeben, Hitze reduzieren und 10 Minuten köcheln lassen.

6 Portionen

Küchentips

Prosciutto Schinken

Prosciutto ist das italienische Wort für Schinken. Man unterscheidet jedoch verschie dene Arten von Prosciutto. Prosciutto cotto beispielsweise ist ein gekochter, gesalzener Schinken, während Prosciutto crudo roh, luftgetrocknet, gesalzen und gewürzt ist. Prosciutto crudo ist gewöhnlich die Sorte, den die meisten Leute mit dem Namen Prosciutto verbinden. Er ist sehr dünn geschnitten und wird oft zusammen mit Melonen serviert.

Meeresfrüchte auf Linguine
mit Paprika Pesto

Zutaten:

454 g	im Handel erhältlicher Nudelteig oder 1 Einheit des Grundrezeptes auf Seite 78
225 g	hohle Tintenfischarme, gesäubert und geschnitten
225 g	Garnelen, geschält und gesäubert
1/4 Teel.	Knoblauchpulver
1/4 Teel.	Zwiebelpulver
1 Teel.	Oreganoblätter
1/2 Teel.	schwarzer Pfeffer, angestoßen
1/2 Teel.	Salz
1	Knoblauchzehe
170 g	frische rote Paprikawürfel, geröstet
60 ml	Olivenöl
1 Eßl.	Basilikumblätter
3 Eßl.	Petersilie
80 g	frisch geriebener Romano Käse
2 Eßl.	Pinienkerne
3 Eßl.	Butter

Zubereitung:

Nudeln nach Anweisung zubereiten und in Linguine schneiden.

Fisch und Garnelen in große Rührschüssel geben und mit Gewürzen bestreuen.

Knoblauch, Paprika und Öl mit Mixer oder Küchenmaschine pürieren. Basilikum, Petersilie, Käse und Pinienkerne zugeben und pürieren.

Butter in einer großen Pfanne erhitzen, Meeresfrüchte zugeben und 5-6 Minuten dünsten.

Während dieser Zeit, einen großen Topf mit gesalzenem, kochenden Wasser vorbereiten und die Linguine darin kochen. Nudeln abtropfen lassen und im Pestopüree wenden. Auf Servierteller geben. Mit Meeresfrüchten bedecken und servieren.

6 Portionen

Zucchini Lasagne
mit fünf Käsesorten

Zutaten:

Sauce:

3 Eßl.	Olivenöl
1	feingeschnittene Knoblauchzehe
1	mittelgroße Zwiebel, in feine Würfel geschnitten
2	Selleriestangen, in feine Würfel geschnitten
2	kleine Zucchini, in feine Würfel geschnitten
120 g	Champignonscheiben
je 1 Teel.	Salz, Basilikumblätter
je ½ Teel.	Thymianblätter, Oreganoblätter, Paprika, Pfeffer
¼ Teel.	Cayennepfeffer
1.5 kg	Tomaten, geschält, entkernt und in kleine Würfel geschnitten

Nudeln:

900 g	im Handel erhältlicher grüner Nudelteig oder 1 Einheit des Rezeptes auf Seite 110
230 g	Ricotta Käse
100 g	geriebener Cheddarkäse
100 g	geriebener Monterey Jack Käse
30 g	geriebener Romano Käse
40 g	geriebener Parmesankäse
3 Eßl.	Schnittlauch, gehackt
1 Teel.	Basilikumblätter
je ½ Teel.	Salz und angestoßener schwarzer Pfeffer
2	Eier

Zubereitung:

Sauce:

Öl in einer großen Pfanne erhitzen. Knoblauch, Zwiebeln, Sellerie, Zucchini und Champignons zugeben und weichdünsten.

Tomaten und Gewürze zugeben. 3 Stunden über kleiner Flamme köcheln lassen, bis die gewünschte Konsistenz erreicht ist.

Nudeln:

Nudeln nach Anweisung zubereiten und in Lasagne Nudeln schneiden. In 2 l kochendem, gesalzenen Wasser kochen, abtropfen und unter kaltem Wasser spülen.

Käsesorten, Gewürze und Eier in einer Rührschüssel vermengen.

Mischung löffelweise auf Nudeln geben und einrollen.

Rollen in Backform platzieren und mit Sauce bedecken. 30 Minuten im vorgeheizten Backofen abgedeckt bei 190°C backen. Abdeckung entnehmen und weitere 15 Minuten backen. Servieren.

6 Portionen

Küchentips

Zum Backen, Grillen oder Rösten, den Backofen stets vorheizen. Somit kann die angegebene Garzeit eingehalten werden.

HOME GR

Penne in Tortillas

Zutaten:

454 g	Penne Nudeln
1 Eßl.	Pflanzenöl
1	mittelgroße Zwiebel, gehackt
1	feingeschnittene Knoblauchzehe
1	Peperonischote, entkernt und feingeschnitten
225 g	Chorizo Wurst (scharfe Wurst) in Würfel geschnitten
1 Teel.	Salz
½ Teel.	Pfeffer
1 Teel.	Worcestershiresauce
3 Eßl.	Chilipulver
1 Teel.	Kreuzkümmel
1 Teel.	getrockneter Oregano
700 g	gedünstete Tomaten
454 g	gekochte Hühnerbruststücke, ohne Haut und Knochen, feingeschnitten
6	Tortillahüllen als Servierschalen
100 g	geriebener Monterey Jack Käse
240 g	Tomaten-Salsasauce
120 g	Guacamolesauce
120 g	saure Sahne
30 g	reife Oliven

Zubereitung:

Backofen auf Grillstufe vorheizen.

Nudeln nach Anweisung zubereiten.

Während die Nudeln kochen, kann das Öl in einer mittelgroßen Pfanne über mittlerer Flamme erhitzt werden. Zwiebeln, Knoblauch, Peperoni und Wurst zugeben und dünsten, bis die Wurst gar ist. Pfeffer, Salz, Worcestersauce, Chilipulver, Kreuzkümmel, Oregano und Tomaten zugeben.

Hühnerfleisch einrühren und ca. 15 Minuten köcheln lassen, bis die Mischung sich leicht verdickt. Nudeln einrühren und weitere 5 Minuten köcheln lassen.

Mischung in die Tortillaschalen füllen und auf ein Backblech platzieren. Die Tortillas mit Käse bestreuen und im Backofen goldbraun grillen.

Tortillas auf einzelne Servierteller platzieren und mit Salsa, Guacamole, saurer Sahne und Oliven bedecken.

6 Portionen

Gefüllte Nudeln

Zubereitung:

24	große Teigmuscheln
2 Teel.	Pflanzenöl
1	mittelgroße Zwiebel, gehackt
225 g	mageres Rinderhackfleisch
225 g	Andouille Wurst (scharfe Wurst)
1 Teel.	Chilipulver
115 g	grüne, gehackte Chilischoten aus der Dose, abgetropft
225 g	Ricotta Käse
100 g	geriebener Monterey Jack Käse
875 ml	Creole Sauce

Zubereitung:

Nudelmuscheln nach Anweisung zubereiten und nach dem Kochen abtropfen lassen. In kaltem Wasser aufbewahren.

Öl in mittelgroßer Pfanne erhitzen. Zwiebeln, Rinder hackfleisch und Wurst zugeben und über mittlerer Hitze gut anbräunen. Von der Hitze nehmen und flüssiges Fett abtropfen lassen. Chilipulver, Chilis, Ricotta, 50 g Monterey Jack Käse und die Hälfte der Creole Sauce der Fleischmischung zugeben.

Backofen auf 180°C vorheizen.

Die Hälfte der restlichen Creole Sauce in eine 33 x 23 x 5 cm große Backform gießen. Jede gekochte Nudelmuschel mit 2 Eßl. der Fleisch-Käsemischung füllen und in die Backform platzieren.

Mit der restlichen Creole Sauce übergießen. Mit Aluminiumfolie abdecken und 20-30 Minuten backen. Abdeckung entnehmen und den restlichen Monterey Jack Käse zugeben. Weitere 5 Minuten unbedeckt backen, bis der Käse schmilzt. Sofort servieren.

6 Portionen

Creole Sauce

Zutaten:

3 Eßl.	Distelöl
3	Zwiebeln, in feine Würfel geschnitten
2	grüne Paprikaschoten, in feine Würfel geschnitten
3	Selleriestangen in feine Würfel geschnitten
20	Tomaten, geschält, entkernt und in kleine Würfel geschnitten
2 Teel.	Salz
2 Teel.	Paprika
1 Teel.	Knoblauchpulver
1 Teel.	Zwiebelpulver
1 Teel.	Cayennepfeffer
½ Teel.	weißer Pfeffer
½ Teel.	schwarzer Pfeffer
1 Teel.	getrocknete Basilikumblätter
½ Teel.	getrocknete Oreganoblätter
½ Teel.	getrocknete Thymianblätter
6	grüne Zwiebeln, in Würfel geschnitten
1	Bund Petersilie, gehackt

Zubereitung:

Öl in einer Pfanne erhitzen. Zwiebeln, grüne Paprika und Sellerie darin weichdünsten. Tomaten und Gewürze zugeben und ca. 4 Stunden leicht köcheln lassen, bis die gewünschte Konsistenz erreicht ist.

Grüne Zwiebeln und Petersilie zugeben und weitere 15 Minuten köcheln lassen. Die Sauce kann jetzt verwendet werden.

ERGIBT 1-1.5 Liter

Hummer auf Mafalda

Zutaten:

675 g	im Handel erhältlicher Nudelteig oder 1 Einheit unseres Grundrezeptes auf Seite 78, in 2,5 cm breite Streifen geschnitten
3 Eßl.	Butter
120 g	Champignonscheiben
3 Eßl.	Mehl
375 ml	Hühnerbrühe (siehe Seite 146)
125 ml	Kaffeesahne
454 g	Hummerfleisch, gekocht und in Würfel geschnitten
60 g	frisch geriebener Parmesankäse
60 g	frisch geriebener Romano Käse

Zubereitung:

Einen großen Topf mit kochendem, gesalzenen Wasser vorbereiten. Mafalda Nudeln darin kochen und abtropfen. Unter kaltem Wasser abspülen und aufbewahren.

Butter in Pfanne erhitzen und die Champignons darin dünsten. Mehl zugeben und 2 Minuten über mittlerer Hitze dünsten. Hühnerbrühe und Kaffeesahne zugeben und solange köcheln lassen, bis eine dickflüssige Sauce entsteht.

Hummerfleisch und halbe Menge Käse zugeben.

Nudeln in eine gefettete Kasserolle geben und mit Sauce übergießen. Den restlichen Käse darüberstreuen und 30 Minuten bei 160°C hellbraun backen. Sofort servieren.

6 Portionen

Geschwärzte Krabben
auf schwarzen Pfeffer-Linguininudeln

Zutaten:

Diese Speise sollte auf dem Partygrill im Freien zuberei tet werden, da die Tendenz zur starken Rauchbildung besteht.

340 g	im Handel erhältlicher Schwarzer Pfeffer Nudelteig oder eine Einheit unseres Rezeptes
454 g	große Krabben, geschält und gesäubert
je 1 Eßl.	Salz und Chilipulver
je 1 Teel.	Thymianblätter, Oreganoblätter, Basilikum, schwarzer Pfeffer, Paprika, Kerbel
je ½ Teel.	weißer Pfeffer, Cayennepfeffer
60 ml	Distelöl
70 g	Butter
3	feingeschnittene Knoblauchzehen
3 Eßl.	Zitronensaft
70 g	geriebener Parmesankäse
2 Eßl.	frisch gehackte Petersilie

Zubereitung:

Nudelteig nach Anweisung zubereiten und in Linguinistreifen schneiden.

Krabben unter kaltem Wasser spülen und abtropfen lassen. Die Gewürze miteinander vermischen und die Krabben in der Gewürzmischung wenden. Öl bis kurz vor dem Rauchpunkt sehr heiß erhitzen. Krabben 3 Minuten im heißen Öl braten. Krabben auf eine Platte geben und aufbewahren.

Großen Topf mit kochendem, gesalzenen Wasser vorbereiten und Nudeln darin kochen. Während dieser Zeit, kann die Butter in einer kleinen Pfanne erhitzt werden. Knoblauch und Zitronensaft zugeben und 3 Minuten kochen. Nudeln abtropfen lassen. Buttermischung über die Nudeln gießen. Mit Käse bestreuen und gut durchmischen.

Nudeln auf Servierteller geben und Krabben auf Nudelbett platzieren. Mit Petersilie bestreuen und servieren.

4 Portionen

Schwarzer Pfeffer Nudelteig

Zutaten:

1 Eßl.	schwarze Pfefferkörner frisch angestoßen
3	verquirlte Eier
330 g	Grießmehl Eiswasser, je nach Bedarf

Zubereitung:

Eier und Pfeffer in einer Rührschüssel miteinan der vermischen. Das Mehl langsam zugeben und zu einem weichen Ball kneten (nach Be darf, kleine Mengen des Eiswassers zugeben).

Den Teig 15 Minuten kneten und 15 Minuten ruhen lassen. Teig ausrollen, leicht mit Mehl bestäuben, in drei Lagen falten und erneut ausrollen. Vorgang 6-8 mal wiederholen.

Den Teig jetzt durch die Nudelmaschine geben, die Rollen langsam engerstellen, bis die gewünschte Dicke erreicht ist. Zur Weiterverar beitung sollte eine glatte Teiglage entstehen.

4 Portionen

Küchentips

Chilipulver

Chilipulver ist eine Mischung von verschiedenen spanischen Pfeffersorten (Chilis) die unterschiedlich scharf sind.

Schweinefleisch mit Bambus

Zutaten:

345 g	Schweinelende
3 Eßl.	Olivenöl
225 g	Krabben
140 g	Bambussproßen
80 g	Wasserkastanien, in dünne Blättchen geschnitten
150 g	Erbsen
180 ml	Hühnerbrühe (siehe Seite 146)
3 Eßl.	Sherry
3 Eßl.	helle Sojasauce
1 Eßl.	Honig
2 Teel.	Maisstärke
340 g	im Handel erhältlicher Eiernudelteig oder 1 Einheit des Rezeptes auf Seite 122

Zubereitung:

Schweinefleisch in 2 cm große Würfel schneiden.

Öl in Wok oder großer, tiefer Pfanne erhitzen. Krabben und Schweinefleisch zugeben und durchbraten. Bambussproßen, Wasserkastanien und Erbsen zugeben und 2 Minuten braten, ständig rühren.

Brühe, Sherry, Sojasauce, Honig und Maisstärke miteinander vermischen und der Mischung zugeben. Bis zur Dickflüssigkeit köcheln lassen.

Während dieser Zeit, können 2 l gesalzenes Wasser in einem großen Topf zum Kochen erhitzt werden. Nudeln in kochendes Wasser geben und 2-3 Minuten kochen. Abtropfen und auf eine Servierplatte geben.

Fleischmischung auf das Nudelbett geben und servieren.

6 Portionen

Spaghetti Al Granseola

Zutaten:

454 g	im Handel erhältlicher Nudelteig oder 1 Einheit unseres Rezeptes
2 Eßl.	Olivenöl
2	feingeschnittene Knoblauchzehen
1	kleine Zwiebel, in Würfel
1 Teel.	rote Chilischoten in kleinen Stückchen
1 Eßl.	feingeschnittener frischer Basilikum
320 g	Tomaten, geschält, entkernt und in Würfel geschnitten
454 g	kleine Krabben
2 Eßl.	Butter
2 Eßl.	Mehl
250 ml	Milch
½ Teel.	Salz
½ Teel.	weißer Pfeffer
1 Prise	Muskat
30 g	geriebener harter Cacciocavallo Käse

Zubereitung:

Nudeln nach Anweisung zubereiten und in Spaghetti streifen schneiden. (Wie rechts beschrieben)

Öl in einer Pfanne erhitzen. Knoblauch und Zwiebeln darin weichdünsten. Chilischoten, Basilikum und Tomaten zugeben. Hitze reduzieren und 20 Minuten köcheln lassen. Das Krabbenfleisch einrühren.

Butter in einer zweiten Pfanne erhitzen, Mehl zugeben und 2 Minuten über kleiner Flamme anschwitzen. Milch und Gewürze einrühren und zur Dickflüssigkeit köcheln lassen. Cremesauce in die Tomatensauce einrühren und homogenisieren.

Während die Sauce köchelt, kann ein großer Topf mit 2 l gesalzenem Wasser erhitzt werden. Die Nudeln ins kochende Wasser geben und garen. Abtropfen lassen und auf Servierteller geben. Die Sauce auf das Nudelbett gießen und mit Käse bestreuen.

6 Portionen

Nudelteig Grundrezept

Zutaten:

660 g	Grießmehl
½ Teel.	Salz
4	Eier
1 Eßl.	Öl
80 ml	eiskaltes Wasser

Zubereitung:

Mehl und Salz sieben und in einer Rührschüssel vermischen. Eier einzeln einrühren. Öl und Wasser langsam zugeben und zu einem glatten, weichen Teig rühren.

15 Minuten kneten und weitere 15 Minuten ruhen lassen. Teig ausrollen, leicht mit Mehl* bestäuben, in drei Lagen falten und erneut ausrollen. Vorgang 6-8 mal wiederholen.

Den Teig jetzt durch die Nudelmaschine geben, die Rollen langsam engerstellen, bis die gewünschte Dicke erreicht ist. Zur Weiterverar beitung sollte eine glatte Teiglage entstehen.

Teiglage durch Maschine geben oder von Hand in gewünschte Streifen schneiden. Der Teig kann eingerollt werden und dann je nach Wunsch für Fettucini, Cannelloni, Lasagne, Ravioli, etc. geschnitten werden.

* Nur soviel verwenden, um das Ankleben während des Ausrollens zu verhindern.

6 Portionen

Muscheln & Krabben Doppelspie

Zutaten:

340 g	im Handel erhältlicher Eiernudelteig oder 1 Einheit des Rezeptes auf Seite 122
4 Eßl.	Erdnußöl
225 g	Krabben, geschält und gesäubert
225 g	Bucht-Jakobsmuscheln
80 g	dünngeschnittene Champignons
70 g	feine Zwiebelwürfelchen
70 g	feine Selleriewürfelchen
1 Eßl.	helle Sojasauce
2 Eßl.	Sherry

Zubereitung:

Nudeln in großem Topf kochen, abtropfen lassen und aufbewahren.

2 Eßl. Öl in Wok oder großer Pfanne erhitzen. Krabben, Muscheln und Gemüse kurz dünsten. Restliches Öl zugeben und 1 weitere Minute kochen. Nudeln zugeben und kurz auf einer Seite anbraten. Sojasauce und Sherry zugeben und 1 weitere Minute braten. Mischung auf eine Servierplatte geben.

Sofort servieren.

6 Portionen

Thymian-Hühnchen Linguine

Zutaten:

454 g	im Handel erhältlicher Nudelteig oder 1 Einheit des Rezeptes auf Seite 78
2 Eßl.	Olivenöl
1	gehackte Zwiebel
1	feingeschnittene Knoblauchzehe
454 g	Champignonscheiben
1 Eßl.	frischer Thymian, gehackt
¼ Teel.	Muskat
2 Eßl.	Mehl
500 ml	Sahne
120 g	gekochtes Hühnerfleisch, in Würfel geschnitten
30 g	Petersilie, gehackt
¾ Teel.	Salz
½ Teel.	schwarzer Pfeffer

Zubereitung:

Nudeln nach Anweisung zubereiten und in Linguine streifen schneiden.

Öl in großer Pfanne über mittlerer Flamme erhitzen; Zwiebeln und Knoblauch glasigdünsten. Champignons, Thymian und Muskat zugeben und 5 Minuten unbe deckt kochen. Mit Mehl bestreuen und 1 Minute unter ständigem Rühren schwitzen. Sahne mit Schneebesen einrühren und unter ständigem Rühren bis zur Dickflüssigkeit kochen lassen.

2 l gesalzenes Wasser in großen Topf geben und zum Kochen bringen. Linguine darin kochen und abtropfen lassen.

Linguine mit Sauce begießen, Hühnerfleisch, 20 g der Petersilie, Salz und Pfeffer unterrühren und gut durch mischen. Auf eine Platte geben und mit restlicher Petersilie garnieren.

6 Portionen

Rinderbrühe

Zutaten:

1 kg	fleischige Rinderknochen
60 ml	Olivenöl
2.5 l	kaltes Wasser
2	Selleriestangen, in grobe Stücke geschnitten
2	große Karotten, in grobe Stücke geschnitten
1	Zwiebel in grobe Stücke geschnitten
1	Bouquet garni** (siehe Seite 146)
1 Teel.	Salz

Zubereitung:

Knochen in eine Röstpfanne geben und mit Öl bedecken. 1 Stunde im vorgeheizten Backofen bei 180°C backen, bis die Knochen gut gebräunt sind. Knochen in einen großen Topf geben.

Wasser und restliche Zutaten zugeben und 3-4 Stunden köcheln lassen. Unreinheiten von der Oberfläche abschöpfen.

Fleisch von den Knochen entfernen und zur anderweitigen Verwendung aufbewahren. Knochen, Bouquet garni und Gemüse entnehmen und beseitigen. Fleisch durch Leinentuch oder Sieb pressen.

Brühe kühlstellen und das Fett von der Oberfläche abschöpfen.

Brühe sollte 24 Stunden vor dem Gebrauch kühlstehen. Eignet sich für Suppen und Saucen u. a.

ERGIBT 1-1.5 Liter

Schweinefleisch auf Vermicelli

Zutaten:

345 g	Vermicelli Nudeln
3 Eßl.	Erdnußöl *
2 Teel.	feingeschnittene Ingwerwurzel
1	feingeschnittene Knoblauchzehe
454 g	Schweinefleisch, feingeschnitten, fast gehackt
225 g	Krabben
120 g	Champignonscheiben
3 Eßl.	Austerfischsauce
½ Teel.	Cayennepfeffer
2 Eßl.	Sojasauce
1 Eßl.	Sherry
2 Teel.	Maisstärke

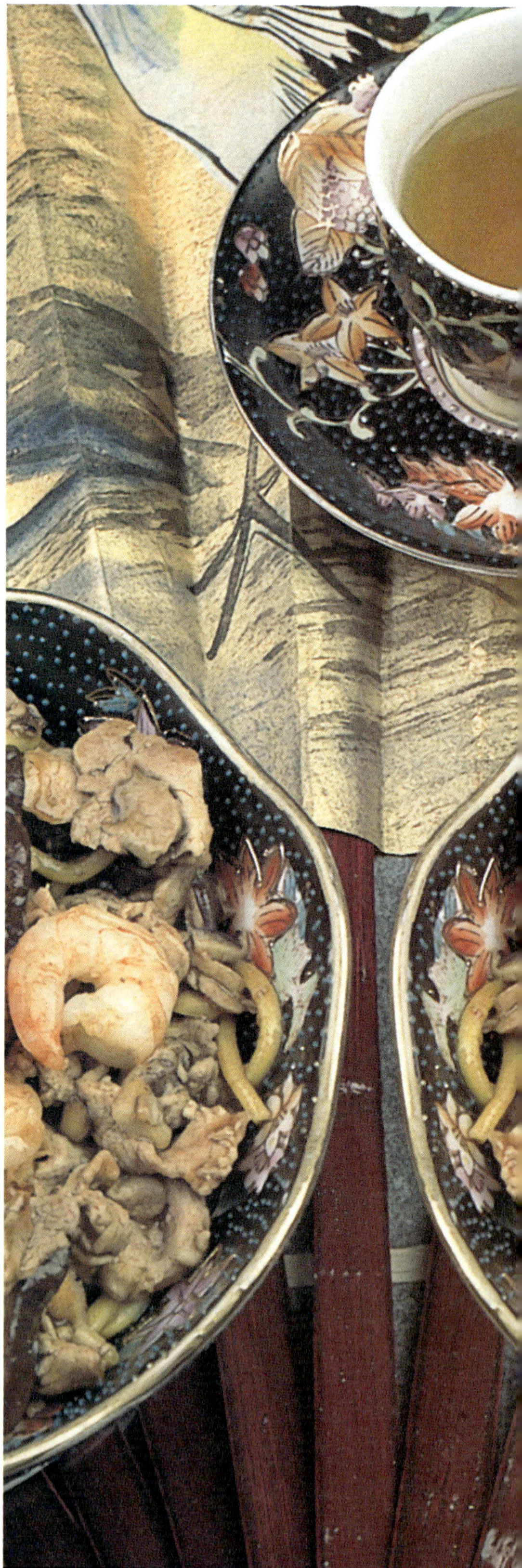

Zubereitung:

Einen großen Topf mit gesalzenem, kochenden Wasser vorbereiten und Nudeln darin kochen. Abtropfen lassen und aufbewahren.

Öl in Wok oder großer, tiefer Pfanne erhitzen. Ingwer und Knoblauch kurz dünsten. Schweinefleisch, Krabben und Champignons zugeben und gut garen. Nudeln zugeben und 1 Minute pro Seite braten.

Fischsauce, Cayennepfeffer, Sojasauce, Sherry und Maisstärke miteinander vermischen und über die Vermicelli Nudeln gießen. 1-2 weitere Minuten braten.

Sofort servieren.

6 Portionen

* Es kann auch Distelöl verwendet werden.

Spaghetti nach Chefkoch K

Zutaten:

454 g	im Handel erhältlicher Nudelteig oder 1 Einheit des Rezeptes auf Seite 78
3 Eßl.	Olivenöl
280 g	sehr mageres Rindfleisch
120 g	Prosciutto Schinken, in dünne Scheiben geschnitten
120 g	scharfe italienische Wurst, gehackt
1	spanische Zwiebel, in feine Würfel geschnitten
2	grüne Paprikaschoten in feine Würfel geschnitten
2	Selleriestangen in feine Würfel geschnitten
2	feingeschnittene Knoblauchzehen
30 g	frische Petersilie, gehackt
70 g	Tomatenmark
500 ml	Marinarasauce (siehe Seite 180)
375 ml	Rotwein
1 Teel.	Salz
½ Teel.	Oregano
½ Teel.	Thymian
½ Teel.	Basilikum
½ Teel.	schwarzer Pfeffer
1	Lorbeerblatt
1 Teel.	Worcestershiresauce
1 l	gesalzenes Wasser
50 g	geriebener Parmesankäse

Zubereitung:

Nudeln nach Anweisung herstellen und in Spaghetti schneiden.

Öl in einer großen Pfanne erhitzen. Fleisch, Wurst und Schinken gut durchbraten. Flüssiges Fett abtropfen lassen. Gemüse zugeben und garkochen.

Petersilie, Worcestershiresauce, Tomatenmark, Wein, Marinarasauce und Gewürze zugeben. Hitze reduzieren und 30 Minuten köcheln lassen. Lorbeerblatt beseitigen.

Einen großen Topf mit gesalzenem, kochenden Wasser vorbereiten und die Spaghetti darin garen. Abtropfen lassen und auf Servierteller geben. Sauce löffelweise auf das Nudelbett geben und mit Parmesankäse bestreuen. Sofort servieren.

4 Portionen

Küchentips

Gorgonzola Käse

Gorgonzola ist ein zylindrischer, halbweicher Käse. Die Außenseite ist erdbraun während der Käse innen gelb und mit grünem Schimmel durchzogen ist. Er wird aus Kuhmilch hergestellt und hat den Namen des Ortes Gorgonzola in Italien erhalten, wo man ihn bis zu 6 Monaten in Felshöhlen altern läßt. Er eignet sich zum Kochen und für Desserts.

Pappardelle à la Pamela

Zutaten:

4 Eßl.	Butter
70 g	Porcini Pilze (Großschirmpilze) in Scheiben geschnitten
4 Eßl.	Mehl
500 ml	Milch
½ Teel.	Salz
½ Teel.	weißer Pfeffer
1 Prise	Muskat
90 g	Prosciutto Schinken, in Scheiben
80 g	Erbsen in ihren Hüllen
40 g	geriebener Parmesankäse
454 g	schwarze Pappardelle Nudeln *

Zubereitung:

Butter in einer Pfanne schmelzen. Pilze darin dünsten. Mehl zugeben und zu einer Paste rühren. 2 Minuten über kleiner Flamme kochen.

Milch zugeben und rühren. Köcheln lassen, bis die Milch dickflüssig ist. Gewürze zugeben und weitere 2 Minuten köcheln lassen. Schinken, Erbsen und Käse einrühren und weitere 5 Minuten köcheln lassen.

Während die Sauce köchelt, kann ein großer Topf mit 2 l gesalzenem, kochenden Wasser vorbereitet werden. Pappardelle Nudeln darin garen. Abtropfen lassen und auf eine Servierplatte geben. Mit Sauce begießen. Servieren.

6 Portionen

* Um Nudeln zu schwärzen, werden sie mit der Tinte eines Tintenfisches gefärbt.

Trompeten Campanola

Zutaten:

2	gelbe Paprikaschoten
454 g	scharfe italienische Wurst
2 Eßl.	Olivenöl
1	große spanische Zwiebel
170 g	marinierte Artischockenherzen, geviertelt
90 g	Porcini Pilze (Großschirmpilze) in Scheiben geschnitten
320 g	Tomaten, geschält, entkernt und in Würfel geschnitten
2 Eßl.	Butter
2 Eßl.	Mehl
250 ml	Milch
¼ Teel.	Salz
¼ Teel.	weißer Pfeffer
1 Prise	Muskat
454 g	Trompeten Nudeln*

Zubereitung:

Backofen auf 200°C vorheizen und Paprikas 20 Minuten rösten. Paprikas aus dem Backofen nehmen und schälen. Den Kern, Samenkörnchen und Membrane entfernen und die Schoten in kleine Würfel schneiden.

Wurst in Pfanne anbräunen und das flüssige Fett abtropfen lassen. Öl zugeben. Zwiebeln, Artischocken und Pilze darin weichdünsten. Gelbe Paprika- und Tomatenwürfel zugeben. Hitze reduzieren und 30 Minuten köcheln lassen.

Butter in einer zweiten Pfanne schmelzen. Mehl zugeben und zu einer Paste rühren. 2 Minuten über kleiner Flamme kochen.

Milch zugeben und rühren, köcheln lassen, bis die Mischung dickflüssig ist. Gewürze zugeben und weitere 2 Minuten köcheln lassen.

Tomatenmischung mit der weißen Sauce verbinden und 10 Minuten köcheln lassen.

Während dieser Zeit, kann ein großer Topf mit 2 l gesalzenem, kochenden Wasser vorbereitet werden. Nudeln darin garen.

Nudeln auf Servierteller geben, mit Sauce begießen und servieren.

6 Portionen

* Ist in Delikatessengeschäften erhältlich. Kann auch durch jede andere Nudelart ersetzt werden.

Nudeln mit Zitronenpfeffer

Zutaten:

1 Teel.	schwarzer Pfeffer, frisch angestoßen
2 Eßl.	abgeriebene Zitronenrinde
3	verquirlte Eier
300 g	Mehl
	Eiswasser, nach Bedarf

Zubereitung:

Pfeffer, Zitronenrinde und Eier in einer Rührschüssel miteinander vermischen. Mehl nach und nach zugeben und zu einem weichen, glatten Teigball kneten. (Nach Bedarf, kleine Mengen Eiswasser verwenden).

15 Minuten kneten und danach 15 Minuten ruhen lassen. Den Teig ausrollen, leicht mit Mehl bestäuben, in drei Lagen falten und erneut ausrollen. Vorgang 6-8 mal wiederholen.

Den Teig jetzt durch die Nudelmaschine geben, die Rollen langsam engerstellen, bis die gewünschte Dicke erreicht ist. Zur Weiterverar beitung sollte eine glatte Teiglage entstehen.

4 Portionen

Küchentips

Zitronenpfeffer

Zitronenpfeffer ist eine Mischung aus abgeriebener Zitronenrinde, Salz und Pfeffer und anderen Kräutern oder Gewürzen.

Scharfgewürzte Krabben

Zutaten:

je ½ Teel.	Oregano, Basilikum, Thymian, Zwiebelpulver
1 Teel.	Knoblauchpulver
je ¼ Teel.	Cayennepfeffer, schwarzer Pfeffer, weißer Pfeffer
1 Teel.	Chilipulver
1 Teel.	Salz
4 Eßl.	Olivenöl
3	Ancho Chilischoten, feingeschnitten
3	feingeschnittene Knoblauchzehen
450 g	Tomatenpüree
454 g	große Krabben, geschält & gesäubert
454 g	Nudeln (nach Wahl)

Zubereitung:

Gewürze miteinander vermischen. 1 Eßl. der Mischung aufbewahren.

1 Eßl. Öl in einer Pfanne erhitzen. Chilischoten und Knoblauch darin dünsten. Tomatenpüree und die halbe Menge der Gewürzmischung zugeben und 20 Minuten köcheln lassen.

Die Krabben mit der restlichen Gewürzmischung bestäuben. Das restliche Öl in einer kleinen Pfanne sehr heiß erhitzen. Die Krabben in kleinen Mengen zugeben und 2 Minuten auf jeder Seite braten und heiß aufbewahren.

Einen großen Topf mit kochendem Wasser vorbereiten und Nudeln darin garen. Abtropfen lassen. Die halbe Menge der Sauce über die Nudeln gießen und gut vermengen. Krabben auflegen und mit restlicher Sauce begießen und servieren.

6 Portionen

PORTOFINO

Cannelloni mit Kalbfleisch
in Shiitake Sauce

Zutaten:

675 g	im Handel erhältlicher Nudelteig oder 1 Einheit des Rezeptes auf Seite 78
6 Eßl.	Butter
5 Eßl.	Mehl
500 ml	Hühnerbrühe (siehe Seite 146)
250 ml	Milch
3 Eßl.	Olivenöl
1	feingeschnittene Zwiebel
1	feingeschnittene Knoblauchzehe
454 g	Kalbshackfleisch
120 g	Schweinehackfleisch
je ½ Teel.	Thymianblätter und Oregano
1 Teel.	frischer Basilikum, gehackt
170 g	Tomaten, gehackt und Kernchen entfernt
60 g	Shiitake Pilze *
125 ml	Kaffeesahne

Zubereitung:

Nudelteig in 15 cm große Quadrate schneiden und in 3 l kochendem Wasser garen. Abtropfen lassen und unter kaltem Wasser spülen. Im Wasser aufbewahren.

3 Eßl. Butter in kleiner Pfanne erhitzen. 3 Eßl. Mehl zugeben und 2 Minuten kochen. 250 ml Hühnerbrühe und Milch zugeben. Köcheln lassen, bis die Sauce sehr dickflüssig ist. Abkühlen lassen.

Öl in einer kleinen Pfanne erhitzen. Zwiebeln und Knoblauch weichdünsten. Beide Hackfleischsorten und Gewürze zugeben. Dünsten, bis das Fleisch durch gekocht ist. Flüssiges Fett abtropfen lassen. Tomaten zugeben und kochen, bis die ganze Flüssigkeit verdunstet ist. Mischung in eine Rührschüssel geben, 250 ml der gekühlten Sauce zugeben und gut vermischen. Eine Kasserolle mit Butter leicht einfetten.

Die Nudelquadrate trockentupfen. 2 Eßl. der Mischung auf Quadrate geben und einrollen. Die Rollen mit der überlappenden Seite nach unten in die Kasserolle platzieren.

Pilze in Wasser einweichen. Abtropfen lassen und in kleine Stückchen schneiden.

Die restliche Butter in einer Pfanne erhitzen. Pilze 2 Minuten dünsten. Das restliche Mehl zugeben und weitere 2 Minuten schwitzen. Die restliche Hühnerbrühe und Kaffeesahne zugeben. Die restliche gekühlte Sauce mit Schneebesen einrühren. Köcheln lassen, bis die Sauce dickflüssig ist. Die Cannelloni damit begießen.

20 Minuten im vorgeheizten Backofen bei 200°C backen, bis sich viele Blasen gebildet haben. Servieren.

8 Portionen

* Shiitake Pilze kommen aus Japan und sind in asiatischen Lebensmittelgeschäften erhältlich.

Meeresfrüchte auf Orzo Nudeln

Zutaten:

225 g	Klaffmuscheln
225 g	Meeresmuscheln
60 ml	Öl
1	Zwiebel, in Würfel geschnitten
1	grüne Paprikaschote, in Würfel geschnitten
3	Selleriestangen, in Würfel geschnitten
2	feingeschnittene Knoblauchzehen
je 1 Teel.	Thymian, Oregano, Basilikum, angestoßener schwarzer Pfeffer
1.5 l	Hühnerbrühe (siehe Seite 146)
500 ml	Weißwein
500 g	zerdrückte Tomaten
560 g	Orzo Nudeln
454 g	Krabbenbeine & -scheren
454 g	Hummerfleisch
454 g	Krabben geschält und gesäubert
454 g	feste Fischstücke
150 g	Erbsen

Zubereitung:

Backofen auf 190°C vorheizen.

Beide Muschelarten waschen und Fasern entfernen.

Öl in einem großen Topf erhitzen. Zwiebeln, Paprika, Sellerie und Knoblauch zugeben und dünsten, bis das Gemüse gar ist. Öl abtropfen lassen.

Gewürze zugeben und 1 Minute kochen. Hühnerbrühe, Wein und Tomaten zugeben und aufkochen.

Orzo Nudeln in eine große Kasserolle geben. Mit Muscheln, Klaffmuscheln, Krabbenbeine und -scheren, Krabben, Hummer, Fischstücke und Erbsen bedecken.

Die Brühe über die Meeresfrüchte gießen und 30 Min. backen, bis die Orzo Nudeln gar sind. Nicht rühren.

Kasserolle aus dem Backofen nehmen, abdecken und 10 Minuten vor dem Servieren ruhen lassen.

8 Portionen

Tagliatelle Ai Funghi
ohne Fleisch

Zutaten:

4 Eßl.	Butter
150 g	Champignons, in Scheiben
1	Karotte, in dünne Streifen geschnitten
1	Zucchini, in dünne Streifen geschnitten
100 g	Rapiniröschen*
4 Eßl.	Mehl
250 ml	Milch
250 ml	konzentrierte Hühnerbrühe (siehe Seite 146)
½ Teel.	Salz
½ Teel.	weißer Pfeffer
1 Prise	Muskat
30 g	harter Romano Käse, gerieben
454 g	im Handel erhältliche Tomaten-Tagliatelle Nudeln

Zubereitung:

Butter in einer Pfanne schmelzen. Gemüse und Champignons zugeben und weichdünsten. Mehl zugeben und zu einer Paste rühren. 2 Minuten über kleiner Flamme kochen.

Milch und Hühnerbrühe zugeben und köcheln lassen, bis die Mischung dickflüssig ist. Gewürze zugeben und weitere 2 Minuten köcheln lassen. Käse zugeben.

Während die Sauce köchelt, kann ein großer Topf mit 2 l gesalzenem, kochenden Wasser vorbereitet werden. Die Nudeln darin garen. Nudeln auf Servierteller geben und mit Sauce begießen.

6 Portionen

* Tagliatelle Nudeln sind ca. 1.25 cm breit und im Lebensmittelgeschäft erhältlich.
* Ist eine grüne kohlähnliche Sorte mit Blättern und Röschen.

Tomaten-Nudelteig

Zutaten:

2	Eier
70 g	Tomatenmark
1 Eßl.	Olivenöl
330 g	Grießmehl
	Eiswasser, nach Bedarf

Zubereitung:

Eier, Tomatenmark und Öl in einer Rührschüssel miteinander vermischen. Grießmehl nach und nach zugeben und zu einem glatten Ball kneten. (Eiswasser nach Bedarf zugeben).

15 Minuten kneten und weitere 15 Minuten ruhen lassen. Teig ausrollen, leicht mit Mehl bestäuben, in drei Lagen falten und erneut ausrollen. Vorgang 6-8 mal wiederholen.

Den Teig jetzt durch die Nudelmaschine geben, die Rollen langsam engerstellen, bis die gewünschte Dicke erreicht ist. Zur Weiterverar beitung sollte eine glatte Teiglage entstehen.

Küchentips

Als interessante Alternative zu Romano Käse, kann Parmesan oder harter Cacciocavallo Käse verwendet werden.

Gemüse Canneloni

Zutaten:

340 g	im Handel erhältlicher Nudelteig oder ½ Einheit des Rezeptes auf Seite 78
2 Eßl.	Distelöl
2	feingeschnittene Knoblauchzehen
150 g	Zucchini, in feine Streifen geschnitten
160 g	Karotten, in feine Streifen geschnitten
70 g	Lauch, in feine Streifen geschnitten
120 g	geschälte Äpfel, in feine Streifen geschnitten
2	verquirlte Eier
450 g	Ricotta Käse
2 Eßl.	gehackte Petersilie
1 Eßl.	gehackte Basilikumblätter
100 g	geriebener Cheddar Käse
750 ml	Tomatensauce (siehe Seite 126)
60 g	frisch geriebener Romano Käse

Zubereitung:

Den Teig nach Anweisung ausrollen und in 15 cm große Quadrate schneiden. Einen großen Topf mit gesalzenem, kochenden Wasser vorbereiten und Teig quadrate darin kochen. Abtropfen und unter kaltem Wasser abspülen. Quadrate bis zur weiteren Verwendung im Wasser aufbewahren.

Öl in großer Pfanne erhitzen. Knoblauch, Gemüse und Äpfel darin weichdünsten. Von der Hitze nehmen und flüssiges Fett und Wasser abtropfen lassen.

Ricotta Käse, Kräuter und Cheddar Käse mit den Eiern verquirlen. Gemüse und Äpfel unterheben.

Teigquadrate abtropfen lassen und trockentupfen. 2 Eßl. der Mischung auf jedes Quadrat geben und einrollen. Kasserolle mit Butter leicht einfetten. Teigrollen, mit der überlappenden Seite nach oben in die Kasserolle legen.

Tomatensauce über die Canneloni gießen und mit Romanokäse bestreuen.

30-40 Minuten im vorgeheizten Backofen bei 180°C backen. Servieren.

6 Portionen

PORTOFINO

Knoblauch Linguine

Zubereitung:

340 g	im Handel erhältlicher Petersilien-Nudelteig oder 1 Einheit unseres Rezeptes
230 g	Ricotta Käse, zimmertemperiert
3	große Knoblauchzehen, feingeschnitten
40 g	glatte Petersilie, gewaschen und gehackt
40 g	frischer Basilikum, gehackt
125 ml	heiße Hühnerbrühe (siehe Seite 146)
40 g	frisch geriebener Cacciocavallo Käse

Zubereitung:

Nudeln nach Anweisung zubereiten und in Linguinestreifen schneiden.

Ricotta Käse, Knoblauch, Petersilie, Cacciocavallo Käse, Hühnerbrühe und Basilikum in Küchenmaschine geben und glattrühren.

Einen großen Topf mit 2 l gesalzenem, kochenden Wasser vorbereiten. Linguine darin garen. Nudeln abtropfen und in der Pestomischung wenden. Sofort servieren.

4 Portionen

Petersilien-Nudelteig

Zutaten:

2	verquirlte Eier
1 Teel.	Distelöl
40 g	glatte Petersilienblätter, gehackt
330 g	Grießmehl
	Eiswasser, nach Bedarf

Zubereitung:

Eier, Öl und Petersilie miteinander vermischen. Grießmehl nach und nach zugeben und zu einem weichen Ball kneten. (Nach Bedarf, kleine Mengen Eiswasser zugeben).

15 Minuten kneten und weitere 15 Minuten ruhen lassen. Teig ausrollen, leicht mit Mehl bestäuben, in drei Lagen falten und erneut ausrollen. Vorgang 6-8 mal wiederholen.

Den Teig jetzt durch die Nudelmaschine geben, die Rollen langsam engerstellen, bis die gewünschte Dicke erreicht ist. Zur Weiterverar beitung sollte eine glatte Teiglage entstehen.

6 Portionen

Küchentips

Glatte Petersilie

Glatte Petersilie ist auch als frischer Koriander oder chinesische Petersilie bekannt.

Asiatisches Hühnchen

Zutaten:

3 Eßl.	Erdnußöl
225 g	ungekochtes Hühnerfleisch, in Würfel geschnitten
2	feingeschnittene Knoblauchzehe
1 Teel.	feingeschnittene Ingwerwurzel
½ Teel.	Flocken, roter Chilischoten
40 g	Champignonscheiben
120 g	Kohl, in feine Würfel geschnitten
125 ml	Hühnerbrühe (siehe Seite 146)
1 Teel.	Maisstärke
2 Eßl.	Sojasauce
340 g	im Handel erhältlicher Eiernudelteig oder 1 Einheit des Rezeptes auf Seite 122

Zubereitung:

Öl in Wok oder großer, tiefer Pfanne erhitzen. Rohes Hühnerfleisch zugeben und gardünsten. Knoblauch, Ingwer und Chiliflocken zugeben und 1 Minute kochen. Champignons, Kohl und Hühnerbrühe zugeben und 5 Minuten köcheln lassen.

Maisstärke mit Sojasauce vermischen und der Hühnerfleischmischung zugeben. Bis zur Dickflüssigkeit köcheln lassen.

Während dieser Zeit kann ein großer Topf mit 2 l gesalzenem, kochenden Wasser vorbereitet werden. Nudeln 3 Minuten darin köcheln lassen. Abtropfen und auf eine Servierplatte geben.

Hühnerfleischmischung auf das Nudelbett geben und sofort servieren.

6 Portionen

Rotwein und Rindfleisch auf Spaghetti

Zutaten:

454 g	im Handel erhältlicher Nudelteig oder 1 Einheit des Rezeptes auf Seite 78
1 kg	Lendenfleisch vom Rind, in dünne Streifen geschnitten
3 Eßl.	Butter
3 Eßl.	Distelöl
1	kleine spanische Zwiebel, in Würfel geschnitten
3	feingeschnittene Knoblauchzehen
115 g	Champignonscheiben
3 Eßl.	feingeschnittene Karotten
3 Eßl.	Sellerie, in feine Würfel geschnitten
40 g	Mehl
125 ml	Rotwein
500 ml	Rinderbrühe (siehe Seite 82)
3 Eßl.	Tomatenmark
je 1 Teel.	schwarzer Pfeffer, Knoblauchpulver, Zwiebelpulver
25 g	frisch geriebener Romano Käse

Zubereitung:

Nudelteig nach Anweisung herstellen und in Spaghetti Nudeln schneiden.

Butter und Öl in einem großen Topf erhitzen und Rindfleisch darin anbraten. Gemüse zugeben und weichdünsten. Mit Mehl bestreuen, Hitze reduzieren und weitere 5 Minuten schwitzen.

Wein, Rinderbrühe, Tomatenmark und Gewürze zugeben und 50 Minuten bedeckt köcheln lassen.

Während dieser Zeit, kann ein Topf mit 2 l gesalzenem, kochenden Wasser vorbereitet werden. Nudeln darin garen. Abtropfen lassen und auf Servierteller geben. Sauce darübergießen und mit Romano Käse bestreuen.

6 Portionen

Fettucini à la Dianna

Zutaten:

4 Eßl.	Butter
4 Eßl.	Mehl
500 ml	Milch
½ Teel.	Salz
½ Teel.	weißer Pfeffer
1 Prise	Muskat
360 g	Lachs, gekocht und in Flocken zerteilt (keinen Dosenlachs verwenden)
180 g	Mangofrüchte, in Würfel geschnitten
454 g	Fettucini Nudeln
40 g	geriebener Parmesankäse

Zubereitung:

Butter in Topf schmelzen. Mehl zugeben und zu einer Paste rühren. 2 Minuten über kleiner Flamme kochen.

Milch zugeben und rühren. Köcheln lassen, bis die Mischung dickflüssig ist. Gewürze zugeben und weitere 2 Minuten köcheln lassen. Lachs, Mangos und Käse einrühren. Weitere 5 Minuten köcheln lassen.

Während dieser Zeit, kann ein großer Topf mit 2 l gesalzenem, kochenden Wasser vorbereitet werden. Nudeln darin garen. Abtropfen lassen und Nudeln mit Sauce begießen. Servieren.

6 Portionen

Küchentips

Distelöl

Wenn die Wahl zwischen Distelöl und Erdnußöl besteht, sollte Distelöl verwendet werden. Distelöl hat einen hohen Rauchpunkt, was beim Fritieren wichtig ist. Erdnußöl eignet sich ebenfalls dafür. Jedoch ist das Distelöl geschmacklos. Das bedeutet, daß die jeweilige Speise ihren Geschmack behält. Hinzu kommt, daß das Distelöl auch keinen Geschmack an die darauffolgende Speise weitergibt. Es eignet sich auch hervorragend für das Mischen von Ölen für Salatsaucen. Die Mischung ⅓ Distelöl auf ⅔ Olivenöl zum Beispiel bietet sich in Salatsaucen für grüne Salate an.

Pasta

Krabben & Hummer Lo Mein

Zutaten:

3 Eßl.	Erdnußöl
225 g	Krabbenfleisch
225 g	Hummerfleisch, in Würfel geschnitten
1	Schalotte, in feine Würfel geschnitten
80 g	Champignons, in feine Scheiben geschnitten
454 g	grüne Bohnen, blanchiert
250 ml	Hühnerbrühe (siehe Seite 146)
1 Eßl.	Honig
1 Eßl.	Sojasauce
1 Teel.	Maisstärke
340 g	im Handel erhältlicher Eiernudelteig oder 1 Einheit des Rezeptes auf Seite 122

Zubereitung:

Öl in Wok oder großer, tiefer Pfanne erhitzen. Krabben und Hummer darin garen. Schalotte, Champignons und grüne Bohnen zugeben und 1 Minute braten.

Hühnerbrühe zugeben und 3 Minuten köcheln lassen. Honig und Sojasauce miteinander vermischen und Maisstärke einrühren. Mischung der Krabbenmischung zugeben und weitere 2 Minuten köcheln lassen.

2 l gesalzenes Wasser in großen Topf füllen und zum Kochen bringen. Nudeln 3 Minuten darin kochen. Abtropfen und auf Servierplatte geben. Krabbenmischung auf das Nudelbett geben und servieren.

6 Portionen

Linguine Romano

Zutaten:

345 g	in Handel erhältlicher grüner Nudelteig oder 1 Einheit unseres Rezeptes
3	Knoblauchzehen feingeschnitten
1 Eßl.	frische Thymianblätter, gehackt
50 g	Arugula* Salatblätter, gehackt
1 Eßl.	frische Basilikumblätter, gehackt
4 Eßl.	Olivenöl
60 g	Romano Käse

Zubereitung:

Nudeln nach Anweisung zubereiten und in Linguine streifen schneiden. In großem Topf mit gesalzenem, kochenden Wasser kochen. Abtropfen lassen.

Knoblauch, Thymian, Arugula und Basilikum mit Mixer oder in Küchenmaschine pürieren. Öl und Romano Käse zugeben. Weitere 10 Sekunden rühren. Die heißen Nudeln in der Pestosauce wenden und servieren.

6 Portionen

* Arugula hat löwenzahnartige Blätter

Grüner Nudelteig

Zutaten:

625 g	frischer Spinat
500 g	Grießmehl
4	verquirlte Eier Eiswasser, nach Bedarf

Zubereitung:

Spinat waschen, gut spülen und feinhacken. Grießmehl und Spinat miteinander vermischen. Mischung nach und nach mit den Eiern vermischen und zu einem weichen Ball formen (nach Bedarf, kleine Mengen Eiswasser verwenden).

15 Minuten kneten und weitere 15 Minuten ruhen lassen. Teig ausrollen, leicht mit Mehl bestäuben, in drei Lagen falten und erneut ausrollen. Vorgang 6-8 mal wiederholen.

Den Teig jetzt durch die Nudelmaschine geben, die Rollen langsam engerstellen, bis die gewünschte Dicke erreicht ist. Zur Weiterverarbeitung sollte eine glatte Teiglage entstehen.

6 Portionen

Küchentips

Wenn anstatt getrockneter Kräuter, frische Kräuter verwendet werden, kann man die angegebene Menge um ⅓ reduzieren.

Fettucine mit Champignons,
Krabben, Knoblauch und frischen Kräutern

Zutaten:

3 Eßl.	Butter
454 g	große Krabben geschält und gesäubert
120 g	Champignonscheiben
3	Knoblauchzehen, feingeschnitten
1 Eßl.	frische Thymianblätter, gehackt
2 Eßl.	glatte Petersilie, gehackt
1 Eßl.	frische Basilikumblätter, gehackt
4 Eßl.	Olivenöl
675 g	bunte Fettucine Nudeln

Zubereitung:

Butter in großer Pfanne erhitzen, Champignons und Krabben zugeben und 6 Minuten dünsten. Heiß aufbewahren.

Knoblauch, Thymian, Petersilie und Basilikum mit Mixer oder Küchenmaschine pürieren. Öl zugeben und weitere 10 Sekunden rühren.

Nudeln in großem Topf mit gesalzenem, kochenden Wasser kochen. Nudeln abtropfen lassen und in eine große Servierschale geben.

Die heißen Nudeln, Krabben und Champignons in der Pestosauce wenden und servieren.

6 Portionen

"Kleine Ohren" in Tomatencremesauce

Zutaten:

675 g	im Handel erhältlicher Nudelteig mit Maismehl oder 1 Einheit unseres Rezeptes
1	rote Paprikaschote
2 Eßl.	Butter
1	Zwiebel, in Würfel geschnitten
1	Knoblauchzehe, feingeschnitten
je ½ Teel.	Salz, Thymian und Basilikum
1 Teel.	schwarzer Pfeffer, angestoßen
2 Eßl.	Mehl
125 ml	Kaffeesahne
60 ml	Sherry
350 g	gedünstete Tomaten

Zubereitung:

Nudelteig in zwei Hälften teilen. Jeweils eine wurstartige Rolle formen. In 3 mm breite Scheiben schneiden. Mit Mehl bestäuben. Jede Scheibe in die Handfläche legen und mit dem Zeigefinger eine Einbuchtung in die Mitte der Scheibe pressen.

Die Paprikaschote in Aluminiumfolie einwickeln und 15 Minuten im vorgeheizten Backofen bei 200°C backen. Folie entfernen und die Paprikaschote schälen, Kern und Samenkörnchen entfernen. Paprikaschote in feine Würfelchen schneiden.

Butter in Pfanne erhitzen. Zwiebeln und Knoblauch zu geben und weichdünsten. Paprikawürfel und Gewürze zugeben und 5-7 Minuten dünsten. Mehl einstreuen und weitere 2 Minuten über kleiner Flamme kochen.

Kaffeesahne und Sherry zugeben und zu einer dickflüssigen Konsistenz köcheln lassen. Tomaten zugeben und weitere 10 Minuten köcheln lassen.

Während dieser Zeit, kann ein großer Topf mit 3 l gesalzenem, kochenden Wasser vorbereitet werden. Nudeln ca. 9 Minuten darin kochen. Abtropfen lassen und in Servierschale geben. Sauce über die Nudeln gießen und gut durchmischen. Servieren.

6 Portionen

Nudelteig mit Maismehl

Zutaten:

260 g	feingemahlenes Maismehl
250 g	Grießmehl
4	verquirlte Eier
1 Eßl.	Distelöl
	Eiswasser, nach Bedarf

Zubereitung:

Beide Mehlsorten miteinander vermischen. Öl und die Eier in einer Rührschüssel miteinander verquirlen. Mehlmischung nach und nach zugeben und zu einem glatten Ball formen. (Nach Bedarf, kleine Mengen Eiswasser verwenden).

15 Minuten kneten und weitere 15 Minuten ruhen lassen. Teig ausrollen, leicht mit Mehl bestäuben, in drei Lagen falten und erneut ausrollen. Vorgang 6-8 mal wiederholen.

Den Teig jetzt durch die Nudelmaschine geben, die Rollen langsam engerstellen, bis die gewünschte Dicke erreicht ist. Zur Weiterverarbeitung sollte eine glatte Teiglage entstehen.

6 Portionen

Küchentips

Der Küchenbackofen sollte mindestens einmal pro Jahr von einer Fachperson auf die Genauigkeit der Temperatureinstellung geprüft werden.

MINT
RO
MARY
DILL
SAGE
PARSLEY

Truthahn Tortellini

Zutaten:

300 g	im Handel erhältlicher Nudelteig mit Zitronenpfeffer oder 1 Einheit des Rezeptes auf Seite 90
1 Eßl.	Butter
1	kleine Karotte feingeschnitten
1	Selleriestange feingeschnitten
225 g	geräuchertes Truthahnfleisch feingeschnitten
120 g	Ricotta Käse
¼ Teel.	getrocknete Thymianblätter
¼ Teel.	getrocknete Basilikumblätter
1	Ei
125 ml	trockener Sherry
70 g	Tomatenmark
375 ml	Hühnerbrühe (siehe Seite 146)
30 g	frisch geriebener Romano Käse
2 Teel.	grüne Pfefferkörner
1 Eßl.	gehackte Petersilie

Zubereitung:

Nudelteig nach Anweisung zubereiten und in dünne Schichten ausrollen. Teig in Quadrate schneiden. Mit feuchtem Tuch abdecken und aufbewahren.

Butter in einer kleinen Pfanne erhitzen. Karotten und Sellerie weichdünsten. Die Mischung in eine Rühr schüssel geben und abkühlen lassen. Truthahnfleisch, Thymian, Basilikum und Ei mit Mixer oder Küchenmaschine einrühren.

1 Teel. der Mischung auf die halbe Anzahl der Teig quadrate geben und mit einem zweiten Quadrat abdecken. Die Kanten mit etwas Wasser anfeuchten. Jedes Quadrat zu einer dreieckigen Tasche umschla gen. Die Kanten gut anpressen, so daß die Tasche zusammenhält. Einen großen Topf mit gesalzenem, kochenden Wasser vorbereiten. Taschen einlegen und nachdem sie an die Oberfläche schwimmen, weitere 2 Minuten kochen.

Für die Sauce: Sherry in eine Pfanne geben. Tomaten mark und Hühnerbrühe mit Schneebesen einrühren. Köcheln lassen, bis die Sauce auf ²/₃ des Volumens reduziert ist. Käse, Pfefferkörner und Petersilie mit Schneebesen einrühren. Tortellini mit der Sauce begießen und servieren.

4 Portionen

Drei-Käse Gericht

Zutaten:

454 g	Kartoffeln
125 g	frisch geriebener Cheddar Käse
225 g	Ricotta Käse
110 g	frisch geriebener Romano Käse
2	verquirlte Eier
225 g	Mehl

Zubereitung:

Kartoffeln schälen und im Wasserdampf garen. Pürieren.

Die Käsesorten miteinander vermischen.

Kartoffelpüree, Käsesorten und Eier miteinander vermischen. Mehl nach und nach zugeben. Zu einem weichen Teig kneten. Den Teig in teelöffelgroße Stückchen formen und auf eine, mit Mehl bestreute Arbeitsfläche platzieren. Mit einer Gabel pressen.

Einen Topf mit gesalzenem, kochenden Wasser vorbe reiten. Teigklöße einlegen und nachdem sie an die Oberfläche schweben, weitere 3 Minuten kochen. Die Klöße können mit jeder Art von Sauce serviert werden. Champignon Mornaysauce eignet sich hervorragend.

6 Portionen

Champignon Mornaysauce

Zutaten:

3 Eßl.	Butter
150 g	Champignonsscheiben
3 Eßl.	Mehl
310 ml	Hühnerbrühe (siehe Seite 146)
310 ml	teilentrahmte Sahne oder Kaffeesahne
60 g	frisch geriebener Parmesankäse

Zubereitung:

Butter in einer Pfanne erhitzen. Champignons zugeben und dünsten, bis die ganze Flüssigkeit verdunstet ist. Mehl zugeben und 2 Minuten über kleiner Flamme schwitzen. Hühnerbrühe und Sahne einrühren. Hitze reduzieren und köcheln lassen, bis eine dickflüssige Sauce entsteht. Käse einrühren und weitere 2 Minuten köcheln lassen.

Nach Belieben verwenden.

ERGIBT 750 ml

Küchentips

Romano:

Ist ein harter runder Käse, ca. 25 cm im Durch messer und 17-22 cm hoch mit grünlich-schwarzer Außenschicht und gelblichem Innen körper. Er ist aus einer Mischung von Kuh und Ziegenmilch hergestellt und kann gut gerieben werden. Romano eignet sich zum Kochen.

Fettucini Jambalaya

Zutaten:

670 g	Hühnerfleisch, ohne Knochen in Würfel geschnitten
2 Eßl.	Distelöl
2 Eßl.	Butter
225 g	Andouille Wurst (oder jede andere scharfe Wurst)
70 g	Zwiebelwürfel
2	feingeschnittene Knoblauchzehen
3 Eßl.	gehackte Petersilie
200 g	grüne Paprikaschote, in Würfel geschnitten
2	Selleriestangen, in Würfel geschnitten
330 g	Tomaten, geschält, entkernt und in kleine Würfelchen geschn.
je 1 Teel.	weißer Pfeffer, schwarzer Pfeffer, Oreganoblätter, Basilikum, Thymianblätter, Knoblauchpulver, Zwiebelpulver, Chilipulver
2 Teel.	Worcestershiresauce
3 Tropfen	scharfe Sauce aus spanischem Pfeffer
454 g	Fettucini Nudeln

Zubereitung:

Öl und Butter in großem Topf erhitzen und Hühnerfleisch darin kurz anbraten. Wurst und Gemüse zugeben und kochen, bis das Gemüse gar ist.

Restliche Zutaten, außer den Nudeln, einrühren. Hitze reduzieren, abdecken und 40-45 Minuten köcheln lassen.

Einen Topf mit 2 l gesalzenem, kochenden Wasser vorbereiten und Fettucini darin garen. Abtropfen lassen und auf eine Servierplatte geben. Hühnerfleisch mischung auf das Nudelbett geben und servieren.

6 Portionen

Würzige Brokkoli Nudeln

Zutaten:

454 g	im Handel erhältliche Eiernudeln oder 1 Einheit unseres Rezeptes
150 g	Brokkoliröschen
1 Eßl.	Erdnußöl
2	kleine rote Paprikaschoten
1	feingeschnittene Knoblauchzehe
1 Teel.	feingeschnittene Ingwerwurzel
225 g	Flankensteak, dünn geschnitten
3 Eßl.	Austersauce

Zubereitung:

Einen großen Topf mit gesalzenem, kochenden Wasser vorbereiten und Nudeln darin kochen. Abtropfen lassen und auf eine Servierplatte geben. Heiß aufbewahren.

Brokkoli 2 Minuten in kochendem Wasser blanchieren.

Öl in Wok oder großen, tiefen Pfanne erhitzen. Paprikas zugeben und kochen, bis die Paprikas sich schwarz färben. Paprikas entnehmen und beseitigen. Knoblauch und Ingwer in die Pfanne geben und goldbraun braten. Steakfleisch zugeben und kurz braten. Brokkoli zugeben und 1 Minute braten. Austersauce zugeben und eine weitere Minute braten.

Fleischmischung auf das Nudelbett geben und servieren.

6 Portionen

Eiernudeln

Zutaten:

3	Eier
330 g	Grießmehl

Zubereitung:

Eier gut verquirlen. Mehl nach und nach zugeben. 10 Minuten kneten. Teig abdecken und 15 Minuten ruhen lassen. Ein zweites Mal kneten. Ein Küchenbrett leicht mit Mehl bestäuben und Teig darauf sehr dünn ausrollen. Mit Mehl bestäuben, einschlagen und erneut ausrollen. Diesen Vorgang mehrmals wiederholen. Es sollte eine glatte Teigschicht entstehen. Den Teig einrollen und in sehr dünne Streifen schneiden.

2 l Wasser in einem großen Topf zum Kochen bringen.

Nudeln 2-3 Minuten darin kochen.

Nach Belieben servieren.

6 Portionen

Küchentips

Brokkoli kann durch Brokkokohl oder Rapini (siehe Seite 98) ersetzt werden.

Große Kalbfleisch Ravioli
mit Basilikumsauce

Zutaten:

2 Eßl.	Olivenöl
2	feingeschnittene Knoblauchzehen
1	grüne Paprikaschote, in Würfel geschnitten
1	Zwiebel, in Würfel geschnitten
2	Selleriestangen, in Würfel geschnitten
120 g	Champignonscheiben
1 Teel.	Salz
½ Teel.	Pfeffer
2 Eßl.	frische Basilikumblätter
1½ kg	Tomaten, geschält, entkernt und in kleine Würfel geschnitten
454 g	im Handel erhältliche schwarze Pfeffer-Nudeln oder 1 Einheit unseres Rezeptes auf Seite 74
1 Eßl.	Olivenöl
140 g	feingeschnittene Zwiebel
70 g	feingeschnittene grüne Paprikaschote
1	feingeschnittene Knoblauchzehe
454 g	rohes Kalbshackfleisch
225 g	würzige oder scharfe italienische Wurst
40 g	Paniermehl
2	Eier
¼ Teel.	Oregano
1 Prise	Cayennepfeffer

Zubereitung:

Öl in einer Pfanne erhitzen. Knoblauch, Champignons, Paprikaschote, Zwiebeln und Sellerie zugeben und weichdünsten. Tomaten und Gewürze zugeben und 3 Stunden köcheln lassen, bis die gewünschte Konsistenz erreicht ist.

Nudelteig nach Anweisung zubereiten und dünn aus rollen. Mit feuchtem Tuch abdecken und aufbewahren.

Öl in einer kleinen Pfanne erhitzen. Zwiebeln, 70 g Paprikawürfel und Knoblauch weichdünsten und garen, bis die ganze Feuchtigkeit verdunstet ist. Abkühlen lassen.

Kalbshackfleisch, Wurst, Paniermehl, gedünstetes Gemüse, Eier und Gewürze miteinander vermischen.

1 Eßl. der Mischung auf die Teigschicht geben und gleichmäßig ausstreichen. Den Teigrand leicht anfeuchten. Eine zweite Teigschicht auflegen. Mit einem Schneiderad in kleine Quadrate schneiden.

Einen großen Topf mit gesalzenem, kochenden Wasser vorbereiten und die Ravioli in kleinen Mengen einlegen. Nachdem die Ravioli an die Oberfläche schweben, weitere 3-4 Minuten kochen. Ravioli auf eine Servierplatte geben und mit Sauce begießen. Servieren.

6 Portionen

Küchentips

Tomaten

Um eine Tomate reifen zu lassen, gibt man sie zusammen mit einem Apfel in eine Papiertüte. Der Apfel gibt einen gasförmigen Stoff ab, der den Reifeprozess der Tomate auf natürliche Art beschleunigt. Tomaten können auf einem Backblech platziert eingefroren werden. Nachdem die Tomaten gefroren sind, können sie in einer Plastiktüte verpackt 4-6 Monate aufbewahrt werden. Unter fließendem, warmen Wasser auftauen, somit kann die Außenhaut leicht gepellt werden. Aufgetaute Tomaten eignen sich für Suppen, Saucen und Eintöpfe.

Gefüllte Paprika
mit Orzo

Zutaten:

225 g	Orzo Nudeln
2 Teel.	Distelöl
225 g	würzigscharfe italienische Wurst
3	feingeschnittene Knoblauchzehen
2	Schalotten, in feine Würfel geschnitten
1	Selleriestange in feine Würfel geschnitten
1 Teel.	frischer Thymian, gehackt
1 Teel.	frischer Basilikum, gehackt
1 Eßl.	frische Petersilie, gehackt
20 g	Schalotten in feine Würfel geschnitten
70 g	geriebener Parmesankäse
500 ml	Hühnerbrühe (siehe Seite 146)
115 g	geriebener Provolone Käse
6	mittelgroße gelbe Paprikaschoten
3 Teel.	trockenes Paniermehl
500 ml	würzigscharfe Tomatensauce

Zubereitung:

Orzo Nudeln nach Anweisung zubereiten, abtropfen und aufbewahren.

Öl in mittelgroßer Pfanne erhitzen, Wurst durchbraten. Knoblauch, 2 Schalotten und Sellerie zugeben und weichdünsten.

Orzo, Thymian, Basilikum, Petersilie, 20 g Schalotten, Parmesankäse, 125 ml der Hühnerbrühe und die halbe Menge Provolone Käse einrühren.

Backofen auf 180°C vorheizen.

Oberes Stück der Paprikaschoten abschneiden, so daß ein Deckelchen entsteht, Kernchen entfernen. Die untere Seite anscheiden, so daß die Schote eben sitzt. Nudelmischung löffelweise in die Paprikas füllen und in eine Backform platzieren. Jede Schote mit ½ Teel. Paniermehl bestreuen. Den restlichen Provolone Käse darüberstreuen. Die restliche Hühnerbrühe (375 ml) um die Schoten gießen. 45 Minuten backen, bis die Schoten an der Oberseite gebräunt und sehr weichgegart sind.

Jeweils eine kleine Menge Tomatensauce auf die Servierteller geben und Paprikas darin platzieren. Sofort servieren.

6 Portionen

Tomatensauce

Zutaten:

50 g	Butter
2	feingeschnittene Knoblauchzehen
2	Karotten, in Würfel geschnitten
1	Zwiebel, in Würfel geschnitten
2	Selleriestangen, in Würfel geschnitten
1.5 kg	Tomaten, geschält, entkernt und in feine Würfel geschnitten
3	Lorbeerblätter
1 Teel.	getrocknete Thymianblätter
1 Teel.	getrocknete Oreganoblätter
1 Teel.	getrocknete Basilikumblätter
1 Eßl.	Salz
1 Teel.	Pfeffer

Zubereitung:

Butter in großem Topf erhitzen. Knoblauch, Karotten, Zwiebeln und Sellerie weichdünsten. Tomaten und Gewürze zugeben. Hitze reduzieren und 3 Stunden köcheln lassen.

Sauce durch Sieb geben und wieder zurück in den Topf geben. Köcheln lassen, bis die gewünschte Konsistenz erreicht ist.

ERGIBT 1 Liter

Küchentips

Parmesan

Ist ein zylindrischer, harter Käse mit einer dunkelgrünen Außenschicht und einem weißgelben Innenkörper. Wird gerieben verwendet und allgemein als Streukäse auf Nudelgerichten gewählt.

Meeresfrüchte auf Linguine

Zutaten:

70 g	Butter
100 g	Zwiebelwürfel
1	grüne Paprikaschote, in Würfel geschnitten
320 g	Tomaten, geschält, entkernt und in Würfel geschnitten
je 1 Teel.	Salz, Pfeffer und Paprika
je ½ Teel.	Oreganoblätter, Thymianblätter, Cayennepfeffer, Knoblauchpulver, Zwiebelpulver, Chilipulver
1 Teel.	Worcestershiresauce
5 Tropfen	scharfe Sauce aus spanischem Pfeffer
20 g	grüne Zwiebeln, gehackt
2 Eßl.	gehackte Petersilie
454 g	Krabben, geschält und gesäubert
225 g	Flußkrebs-Schwanzteil, geschält
225 g	nordamerikanischer Katzenwels in Würfel geschnitten
454 g	Linguine Nudeln

Zubereitung:

Butter in einer Pfanne erhitzen. Zwiebeln und Paprikas zugeben und weichdünsten. Tomaten, Gewürze, Worcestersauce und scharfe Sauce zugeben. Hitze reduzieren und 30 Minuten köcheln lassen.

Grüne Zwiebeln, Petersilie, Krabben, Krebs und Fisch zugeben und abdecken. 10 Minuten köcheln lassen.

Großen Topf mit 2 l gesalzenem, kochenden Wasser vorbereiten. Linguine darin garen. Abtropfen lassen und auf eine Servierplatte geben. Die Fischmischung auf das Nudelbett geben und sofort servieren.

6 Portionen

Rockefeller Manicotti

Zubereitung:

675 g	im Handel erhältlicher Nudelteig oder 1 Einheit des Rezeptes auf Seite 78
36	Austern
300 g	Spinat
4 Eßl.	Butter
2	feingeschnittene Selleriestangen
6	feingeschnittene grüne Zwiebeln
30 g	gehackte Petersilie
20 g	Paniermehl
1 Eßl.	Worcestershiresauce
3 Tropfen	scharfe Sauce aus span. Pfeffer
¼ Teel.	Salz (auf Wunsch)
30 g	frisch geriebener Parmesankäse
450 g	Ricotta Käse
500 ml	Mornaysauce (siehe Seite 12)

Zubereitung:

Nudelteig nach Anweisung zubereiten. Teig in dünne Schichten ausrollen. Schichten in 10 cm große Quadrate schneiden. Quadrate in gesalzenem, kochenden Wasser garen. Abtropfen und unter fließendes, kaltes Wasser halten. Aufbewahren. Austern aus der Muschel nehmen. Austernnektar aufbewahren.

Spinat verlesen und grob schneiden. Butter in kleiner Pfanne erhitzen. Austern und Spinat dünsten, bis die Austern durchgegart sind. Austern und Spinat aus der Pfanne nehmen und aufbewahren.

Sellerie, grüne Zwiebeln und Petersilie 2 Minuten in Pfanne dünsten. Mischung mit Austernmischung verbinden, restliche Zutaten, außer Mornaysauce zugeben und vermischen. Mischung auf die Teig quadrate geben und einrollen. Kasserolle mit Butter leicht einfetten und die Teigrollen (Manicotti) mit der überlappenden Seite nach unten in die Kasserolle platzieren. Mornaysauce darübergießen.

30 Minuten im vorgeheizten Backofen bei 180°C backen. Servieren.

6 Portionen

* Spanischer Caesar Salat eignet sich hervorragend als Beilage.

Spanischer Caesar Salat

Zutaten:

1	Knoblauchzehe
2	Eigelbe
1 Teel.	Senfpulver
2 Teel.	Kristallzucker
1 Prise	Cayennepfeffer
375 ml	Olivenöl
3 Eßl.	Zitronensaft
60 ml	Buttermilch
40 g	frisch geriebener Parmesankäse
2 Eßl.	feingeschnittener Schnittlauch
3	Peperonischoten, entkernt und in feine Würfel geschnitten
½ Teel.	schwarzer Pfeffer, angestoßen
2	Romano Salatköpfe gewaschen
50 g	Speckwürfel, gekocht
20 g	Croutons

Zubereitung:

Knoblauch, Eigelbe, Cayennepfeffer, Zucker und Senf in Rührschüssel geben und mit Mixer oder Küchenmaschine rühren. Während die Maschine sehr langsam rührt, das Öl in dünnem Strahl zugeben, bis die Mischung eine mayonnaisen artige Konsistenz annimmt. Zitronensaft, Käse, Buttermilch, Schnittlauch, Peperoni und Pfeffer einrühren. Salatblätter in mundgerechte Stücke schneiden und in eine große Schale geben. Den Salat mit Dressing bedecken und mischen.

Den Salat auf gekühlten Tellern servieren. Mit Speck und Croutons garnieren.

6 Portionen

Lasagne mit Meeresfrüchter

Zutaten:

225 g	Mafalda* Nudeln
3 Eßl.	Butter
2 Eßl.	Olivenöl
70 g	Karottenwürfel
1	kleine Zwiebel, in Würfel
1	rote Paprikaschote, in Würfel geschnitten
2	Selleriestangen, in Würfel
3 Eßl.	Mehl
80 g	Erbsen
80 g	Brokkoliröschen
250 ml	Hühnerbrühe (siehe Seite 146)
125 ml	Schlagsahne
40 g	frisch geriebener Parmesankäse
1 Teel.	Salz
½ Teel.	schwarzer Pfeffer, angestoßen
260 g	Meeresfrüchte Krabben, Krebse oder Hummer oder Kombinationen
150 g	geriebener Cheddarkäse
80 ml	frisch geriebener Romanokäse

Zubereitung:

Einen großen Topf mit gesalzenem, kochenden Wasser vorbereiten und Nudeln darin kochen. Abtropfen lassen und unter kaltem Wasser spülen. Nudeln in eine große gefettete Kasserolle geben.

Butter und Öl in Pfanne geben und erhitzen. Karotten, Zwiebeln, Paprika und Sellerie weichdünsten. Mit Mehl bestreuen und 2 Minuten kochen. Erbsen, Brokkoli, Hühnerbrühe und Sahne zugeben. Köcheln lassen, bis die Sauce dickflüssig ist. Käse, Meeresfrüchte und Gewürze zugeben. Mischung auf das Nudelbett gießen.

Mit Cheddar und Romano Käse bestreuen. 20 Min. im vorgeheizten Backofen bei 190°C backen. Servieren.

4 Portionen

* Mafalda sind 2 ½ cm breite Nudeln und im Lebensmittelgeschäft erhältlich.

Fenchel und Weißwein
Schinken & Orzo

Zutaten:

3 Eßl.	Olivenöl mit Kräutern
1 Eßl.	Butter
140 g	gehackte Zwiebel
1	rote Paprikaschote, kleingehackt
6	feingeschnittene Knoblauchzehen
130 g	gehacktes Fenchelgemüse
225 g	italienische Wurst, Haut entfernen
115 g	feingeschnittener Prosciutto Schinken
1 Teel.	Salz
½ Teel.	schwarzer Pfeffer, angestoßen
190 g	Orzo Nudeln
180 ml	Weißwein
750 ml	Hühnerbrühe (siehe Seite 146)
80 g	frisch geriebener Parmesankäse

Zubereitung:

Öl und Butter in großer Pfanne erhitzen. Zwiebeln und Paprikawürfel darin dünsten. Knoblauch, Fenchel und zerkleinerte Wurst zugeben. Mit Salz und Pfeffer abschmecken.

Orzo zugeben und 1 Minute braten, darauf achten, daß das Orzo vollständig mit Öl bedeckt ist.

Wein und Hühnerbrühe zusammen erhitzen. Mischung dem Orzo langsam in Dritteln zugeben, so daß das Orzo die Flüssigkeit jeweils absorbieren kann. Wenn die Flüssigkeit ganz absorbiert ist, kann die Pfanne von der Hitze genommen werden. Parmesankäse einrühren.

4 Portionen

Küchentips

Zwiebel

Die Zwiebel ist ein Gemüse, das jedes Gericht so wertvoll macht, daß dem Genießer Tränen in die Augen steigen. Zwiebeln sind eine wichti ge Zutat in allen Gerichten, außer Desserts. Zwiebeln gehören, wie Knoblauch und Lauch, der Lilien-Familie an.

Zwiebeln sind in verschiedenen Arten erhält lich; Schalotten oder kleine zusammengesetzte Zwiebeln, die im allgemeinen milder im Geschmack sind als ihre größeren Verwandten. Grüne Zwiebeln sind lange, dünne, weiche Zwiebeln und ebenfalls mild und eignen sich hervorragend für Suppen und Saucen.

Bermuda Zwiebeln sind die bekanntesten und meistverkauften Zwiebeln. Sie sind mild bis scharf, weiß, gelb und rot erhältlich. Spanische Zwiebeln sind ähnlich, wie die Bermudas, mild und sehr groß. Diese Zwiebeln sind in weiß und gelb erhältlich. Silberhaut Zwiebeln sind kleiner als die Bermudas und sehr streng im Geschmack.

Silberzwiebeln sind sehr kleine Zwiebeln und auch in rot erhältlich. Sie werden u.a. gerne in Eintöpfen und zum Garnieren verwendet. Vidalia Süßzwiebeln sind den Bermuda Zwiebeln sehr ähnlich. Sie sind jedoch süß und sollten in Gerichten verwendet werden, in denen milde Aromen gefragt sind.

Der einzige Nachteil der Zwiebeln besteht in der irritierenden Substanz, die unsere Augen tränen lassen. Es bieten sich zahlreiche Methoden an, die dieses ungewollte Resultat verhindern können. Zwei der mehr praktische ren Methoden sind: Das Verwenden eines scharfen Messers. Durch stumpfe Messer wird mehr der Substanz abgeben, weil ein höher Druck auf die Zwiebelhäute ausgeübt wird. Oder durch das Anfeuchten der Zwiebel. Nicht naß aber feucht halten und dann schneiden.

Black pepper
Parsley flakes
Garlic powder
Chili powder

Hühnchen Manicotti

Zutaten:

340 g	im Handel erhältlicher Nudelteig, oder ½ Einheit des Rezeptes auf Seite 78
230 g	gehackter Spinat gefroren im Pack, aufgetaut und abgetropft
225 g	Ricotta Käse
225 g	Mascarpone Käse
70 g	geriebener Parmesankäse
2	große Eier
400 g	Hühnerbrust, gekocht und in Würfel geschnitten
1 Eßl.	gehackter, frischer Basilikum
1 Teel.	Pfeffer
3 Eßl.	Butter
3 Eßl.	Mehl
250 ml	Hühnerbrühe (siehe Seite 146)
250 ml	teilentrahmte Sahne (Kaffeesahne)
30 g	geriebener Romano Käse

Zubereitung:

Nudelteig nach Anweisung herstellen und in 12 Teile schneiden, so daß Manicotti Rollen daraus geformt werden können. Nudeln in 2 l gesalzenem, kochenden Wasser kochen. Abtropfen und unter fließendem kaltem Wasser abkühlen.

Während dieser Zeit kann die restliche Flüssigkeit aus dem Spinat gepreßt werden.

Backofen auf 180°C vorheizen.

Spinat, Ricotta, Mascarpone, Parmesan, Hühnerbrust, Eier, Basilikum und Pfeffer miteinander vermischen. Käsemischung auf die Teigstücke geben und einrollen. Die Manicotti Rollen mit der überlappenden Seite nach unten in eine 23 x 33 cm große Backform platzieren.

Butter in einer kleinen Pfanne schmelzen, Mehl zugeben und 2 Minuten über kleiner Flamme schwitzen. Hühnerbrühe und Sahne zugeben und zu einer sehr dickflüssigen Sauce köcheln lassen. Sauce über die Manicotti-Rollen gießen und mit Romano Käse bestreuen. Form abdecken und 20 Minuten backen. Abdeckung entnehmen und weitere 15 Minuten backen, bis der Käse goldbraun ist.

6 Portionen

Würziger Nudelsalat

Zutaten:

225 g	bunte Rotini Nudeln
120 g	frische, grüne Bohnen 2,5 cm lange Stücke geschnitten und blanchiert
2	kleine Zucchini, in Würfel geschnitten
2	kleine gelbe Kürbisse, in Scheiben geschnitten
160 g	Karotten, in dünne Scheiben
1	mittelgroße rote Zwiebel, in Achtel geschnitten
375 ml	Ailloli (siehe Rezept rechts)
20 g	frische Basilikumblätter, gehackt
80 g	sonnengetrocknete Tomaten, in Öl eingelegt
40 g	geriebener Parmesan Käse
1 ¼ Teel.	Flocken roter Chilischoten
	Salz und Pfeffer zum Abschmecken
20 g	frische Petersilie, gehackt

Zubereitung:

Nudeln nach Anweisung zubereiten, abtropfen und unter kaltem Wasser abkühlen.

Grüne Bohnen, Zucchini, Kürbisse, Karotten und Zwiebel in eine große Servierschale geben und miteinander vermischen.

Nudeln und Gemüse miteinander vermischen. Salatmischung mit Ailloli vermengen.

Basilikum, sonnengetrocknete Tomaten, Parmesankäse und rote Chiliflocken untermischen.

Mit Salz und Pfeffer abschmecken, mit Petersilie garnieren und servieren.

4 Portionen

Ailloli

Zutaten:

2	Knoblauchzehen, zu Brei gepreßt
2	Eigelb
½ Teel.	Salz
1 Prise	Pfeffer
½ Teel.	Dijon Senf
250 ml	Olivenöl
4 Teel.	Weinessig

Zubereitung:

Knoblauch, Eigelb, Salz, Pfeffer und Senf in Küchenmaschine cremigrühren.

Während die Maschine rührt, das Öl in dünnem Strahl zugeben. Essig eingießen.

Über die Salatmischung gießen oder nach Bedarf verwenden.

ERGIBT 375 ml

Küchentips

Orzo

Orzo sieht aus wie Reis, ist jedoch aus getrocknetem Nudelteig hergestellt und im Lebensmittelhandel erhältlich.

Cous Cous Zucchinisalat

Zutaten:

1	Knoblauchzehe
2	Eigelb
1 Teel.	Senfpulver
2 Teel.	Zucker
⅛ Teel.	Cayennepfeffer
375 ml	Olivenöl
3 Eßl.	Zitronensaft
60 ml	Buttermilch
40 g	frisch geriebener Parmesankäse
2 Eßl.	feingeschnittener Schnittlauch
½ Teel.	schwarze Pfefferkörner, angestoßen
340 g	Cous Cous
150 g	Zucchini, in feine Würfel geschnitten
3	Tomaten, geschält, entkernt und in feine Würfel geschnitten
6	grüne Zwiebeln, feingehackt

Zubereitung:

Knoblauch, Eigelb, Senf, Zucker und Cayennepfeffer in eine Rührschale geben und mit Küchenmaschine oder Mixer glattrühren. Während die Maschine rührt, Öl in dünnen Strahl zugeben, bis die Mischung eine mayonnaisenartige Konsistenz erreicht. Zitronensaft, Buttermilch, Parmesankäse, Schnittlauch und Pfeffer einrühren.

Cous Cous kochen. Abtropfen lassen und kühlstellen. Gekühltes Cous Cous in eine Rührschale geben und das Gemüse zugeben.

Hergestellte Salatsauce über die Mischung gießen und 2½ Stunden kühlstellen. Servieren.

8 Portionen

TIP: Dieser Salat hält sich nicht gut übernacht. Er sollte gleich nach der Kühlzeit serviert werden.

Fettucini mit Kalbsfleisch

Zutaten:

675 g	Kalbsschulter, in 2 cm große Würfel geschnitten
1 l	Hühnerbrühe (siehe Seite 146)
2 Teel.	Salz
20	20 Silberzwiebeln
4	Karotten, gehobelt
2 Eßl.	Butter
2 Eßl.	Mehl
2 Eßl.	Currypulver
2 Eßl.	Zitronensaft
2	Eigelb
454 g	Fettucini Nudeln
1 Eßl.	gehackte Petersilie

Zubereitung:

Kalbsfleisch, Hühnerbrühe und Salz in großen Topf geben. Abdecken und 1½ Stunden köcheln lassen. Zwiebeln und Karotten zugeben. Weitere 15 Minuten köcheln lassen. 500 ml der Flüssigkeit entnehmen.

Butter in kleiner Pfanne schmelzen. Mehl und Curry zugeben. 3 Minuten über kleiner Flamme schwitzen. Nach und nach entnommene 500 ml Brühe zugeben. Rühren, bis die Sauce sich verdickt.

Zitronensaft und Eigelb mit Schneebesen vermischen und in die Sauce einrühren. **Nicht aufkochen**.

3 l gesalzenes Wasser kochen. Fettucini Nudeln garen. Abtropfen lassen und auf eine Servierplatte geben.

Sauce dem Kalbfleisch zugeben und erhitzen, nicht aufkochen. Das Ganze auf das Nudelbett geben und mit Petersilie garnieren. Sofort servieren.

6 Portionen

Küchentips

Eßbare Blumen

Viele Köche haben die vorteilhaften Effekte von eßbaren Blumen entdeckt. Sie sind sowohl als Dekoration, alsauch als Aromaverstärker sehr attraktiv.

Folgend werden einige vorgestellt:

Blüten des Butterblumen Kürbisses - haben einen milden Kürbisgeschmack.

Ringelblume - hat ein leicht pfefferiger Geschmack. Bereichert Suppen und Salate.

Nelke - hat einen sehr milden Geschmack. Nelken sind gewöhnlich über das ganze Jahr erhältlich und wegen der verschiedenen Farben für alle denkbaren Gerichte geeignet.

Heidenelke - hat einen milden Knoblauch geschmack. In pink, rosarot, rot und weiß in der Natur aufzufinden.

Stiefmütterchen - haben einen frischen Minz geschmack, sind in gelb, violett und hellblau in der Natur zu finden. Eignen sich hervorragend für Obst- und Eiskremspeisen.

Dotterblume - hat einen milden Zitronen geschmack. Kann als Ersatz für Safran verwendet werden.

Brunnenkresse - hat einen starken Pfeffer geschmack und ist eine der beliebtesten eßbaren Blumen.

Kanarienkresse - (Tropaeolum peregrium) Blüten, die wie kleine Vögel aussehen. Eignet sich hervorragend für Fruchtsaucen.

Süßes Veilchen - hat einen frischen Minzgeschmack und ist violett. Blüten eignen sich zum Garnieren von Desserts, weil sie leicht süß schmecken.

Gemüse-Rotinisalat

Zutaten:

2	Knoblauchzehen
2	Eigelb
½ Teel.	Salz
1 Prise	Pfeffer
½ Teel.	Dijon Senf
250 ml	Olivenöl
4 Teel.	Weinessig
60 g	Rapini*
80 g	Blumenkohlröschen
1	große Karotte, in feine Streifen geschnitten
1	Selleriestange, in feine Streifen geschnitten
1	rote Pfefferschote, in feine Streifen geschnitten
170 g	Tomaten, geschält, entkernt und in feine Würfel geschnitten
4	grüne Zwiebeln, gehackt
480 g	gekochte Rotini Nudeln
100 g	geriebener Cheddar Käse

Zubereitung:

Knoblauch, Eigelb, Salz, Pfeffer und Senf in Rührschale geben und mit Mixer oder Küchenmaschine cremigrühren.

Während die Maschine rührt, das Öl in dünnem Strahl zugeben. Essig eingießen.

Das Gemüse und die Nudeln in große Salatschale geben und gut vermischen.

Salatsauce über die Mischung gießen und gut vermengen. Salat in gekühlte einzelne Servierschalen geben, mit geriebenem Käse bestreuen und servieren.

6 Portionen

* Ist eine grüne kohlähnliche Sorte mit Blättern und Röschen

Oregano-Hühnchen Genuß

Zutaten:

675 g	Hühnerbrust, ohne Knochen
300 g	kleine Muschelnudeln
454 g	Rapini* oder Brokkoli, in Würfelchen geschnitten
2 Eßl.	Olivenöl, mit eingelegten Kräutern
4	Knoblauchzehen, feingeschnitten
1 Eßl.	frischer Oregano, gehackt
375 ml	konzentrierte Hühnerbrühe* (siehe Seite 146)
570 g	Tomaten, geschält, entkernt und in Würfel geschnitten
500 ml	Sahne
	Parmesankäse nach Wunsch

Zubereitung:

Runde Seiten der Hühnerbrust abtrennen, so daß ein großes Quadrat entsteht.

2 l gesalzenes, kochendes Wasser vorbereiten und Nudeln darin garen. Abtropfen und abkühlen lassen.

Rapini oder Brokkoli über Wasserdampf garen.

Olivenöl in große Pfanne geben und das Hühnerfleisch darin anbräunen. Mit Mehl bestreuen, Hitze reduzieren und 2 Minuten schwitzen lassen. Knoblauch, Oregano, Hühnerbrühe und Tomaten zugeben und 5 Minuten dünsten. Sahne zugeben und gekochter Rapini oder Brokkoli einrühren. Nudeln zugeben und 5 Minuten köcheln lassen. Mit Parmesankäse servieren.

6 Portionen

TIP: Konzentrierte Brühe erhält man, wie folgt: Man läßt die Brühe auf 50% des Volumens reduzieren. Zum Beispiel 750 ml Hühnerbrühe ergibt 375 ml konzentrierte Brühe.

* Ist eine grüne kohlähnliche Sorte mit Blättern und Röschen

Hühnerbrühe

Zutaten:

1kg	fleischige Hühnerknochen
2.5 l	kaltes Wasser
2	Selleriestangen, grob geschnitten
2	große Karotten, grob geschnitten
1	Zwiebel, grob geschnitten
1	*Bouquet garni
1 Teel.	Salz

Zubereitung:

Hühnerknochen in einen großen Topf geben.

Wasser und restliche Zutaten zugeben. 8-10 Stunden über sehr kleiner Flamme köcheln lassen.

Das Fleisch entfernen (aufbewahren und nach Wunsch verwenden), Knochen, Bouquet garni und Gemüse beseitigen. Brühe durch feinen Sieb oder Leinen geben.

Brühe kühlstellen. Fett von der Oberfläche abschöpfen.

Brühe 24 Stunden kühlstellen. Jetzt kann die Brühe für Suppen und Saucen u.a. weiterver wendet werden.

ERGIBT 1 1/2 Liter

Küchentips

Bouquet Garni

Bouquet garni: 2 Stauden frischer Thymian, 2 Stauden Majoran, 6 Pfefferkörner, 1 Lorbeerblatt, 6 Stauden Petersilie und 1 Lauchstange als Sträußchen zusammenbinden und in Leinen wickeln.

Oregano
Basil
Garlic powder
Chili powder
Curry powder
Cajun spices
Garlic salt
PORTOFINO

Stroganoff auf Penne

Zutaten:

2 Eßl.	Distelöl
2 Eßl.	Butter
1	Selleriestange
1	kleine Zwiebel, in Würfel geschnitten
1	grüne Paprikaschote, in Würfel geschnitten
454 g	Rumpsteak, dünn geschnitten
3 Eßl.	Mehl
375 ml	Rinderbrühe (siehe Seite 82)
60 ml	Sherry
je $\frac{1}{2}$ Teel.	Salz, Pfeffer, Paprika
1 Teel.	Dijon Senf
240 g	saure Sahne
240 g	Penne Nudeln

Zubereitung:

Öl und Butter in großer Pfanne erhitzen. Gemüse dünsten. Fleisch zugeben und anbraten. Mit Mehl bestreuen und 3 Minuten schwitzen lassen.

Rinderbrühe, Sherry, Gewürze und Senf zugeben. Hitze reduzieren und $1\frac{1}{2}$ Stunden abgedeckt köcheln lassen.

3 l gesalzenes Wasser in großem Topf zum Kochen bringen. Nudeln darin garen. Abtropfen lassen und auf eine Servierplatte oder in Servierschale geben.

Saure Sahne in die Stroganoffmischung einrühren und gut vermengen. Nudeln mit Stroganoffmischung bedecken und servieren.

4 Portionen

Buchweizen Linguine
mit Käsevelours

Zutaten:

345 g	im Handel erhältlicher Buchweizen Nudelteig oder 1 Einheit unseres Rezeptes*
3 Eßl.	Butter
3 Eßl.	Mehl
500 ml	Hühnerbrühe (siehe Seite 146)
125 ml	teilentrahmte Sahne oder Kaffeesahne
120 g	Cheddar Käse
50 g	geriebener Parmesankäse

Zubereitung:

Nudelteig nach Anweisung herstellen und in Linguine schneiden.

Butter in kleiner Pfanne schmelzen, Mehl zugeben, Hitze reduzieren und 2 Minuten schwitzen lassen. Brühe und Sahne einrühren und köcheln lassen, bis die Sauce dickflüssig ist. Beide Käsesorten zugeben und weitere 10 Minuten köcheln lassen.

Einen großen Topf mit gesalzenem, kochenden Wasser vorbereiten und Nudeln darin garen. Linguine auf Teller geben und mit Sauce begießen.

6 Portionen

* Dieses Gericht wird nicht unbedingt als Hauptgericht empfohlen, es eignet sich besser als Vorspeise.

Variation: 40 g Cheddar Käse mit 225 g Ricotta Käse vermengen und beim Servieren über oder um die Nudeln geben.

Buchweizen Nudeln

Zutaten:

140 g	Buchweizenmehl
90 g	Grießmehl
1	extra große Eier, verquirlt
60 ml	eiskalte Milch
	Eiswasser, nur bei Bedarf

Zubereitung:

Grießmehl und Buchweizenmehl in einer Rührschale vermengen. Ei und Milch zugeben und zu einem glatten Ball kneten. (Nach Bedarf kleine Mengen Eiswasser zugeben).

15 Minuten kneten und 15 Minuten ruhen lassen. Den Teig ausrollen. Leicht mit Mehl bestäuben und erneut ausrollen. Diesen Vorgang 6 bis 8 mal wiederholen.

Den Teig durch die Teigmaschine lassen und die Rollen langsam engerstellen, bis die gewünschte Dicke erreicht ist. Zur weiteren Verarbeitung sollte ein glatter Teig vorhanden sein.

6 Portionen

Küchentips

Buchweizen Nudeln

Buchweizen Nudeln werden gewöhnlich mit anderen Nudelsorten gemischt serviert.

Garam Masala Champignons
auf Hühnchen-Penne

Zutaten:

3 Eßl.	Oliven- oder Pflanzenöl
120 g	Champignonscheiben
340 g	Hühnerbrust, ohne Haut und Knochen, in 2,5 cm große Würfel geschnitten
125 ml	teilentrahmte Sahne oder Kaffeesahne
2 Eßl.	frische Petersilie, gehackt
½ Teel.	Dijon Senf mit Senfkörnern
2 Teel.	Garam Masala
340 g	Penne Nudeln
	Salz und Pfeffer zum Abschmecken

Zubereitung:

Öl in einer sehr großen Pfanne über mittlerer Flamme erhitzen. Champignons und Hühnerfleisch zugeben und unter ständigem Rühren ca. 6 Minuten braten, bis das Hühnerfleisch goldbraun ist. Sahne, Senf und Garam Masala zugeben und rühren, so daß sich die braunen Stückchen vom Pfannenrand und Boden lösen. Aufkochen und auf halbes Volumen köcheln lassen.

Während die Sauce köchelt, kann ein großer Topf mit 3 l gesalzenem, kochenden Wasser vorbereitet werden. Nudeln darin garen.

Nudeln abtropfen lassen und in die Pfanne geben. Auf kleiner Flamme halten und rühren, bis die Nudeln ganz mit Sauce bedeckt sind. Mit Salz und Pfeffer abschmecken und auf heißen Tellern servieren.

4 Portionen

Garam Masala

Zutaten:

1 Eßl.	geriebener Koriander
1 Eßl.	Kreuzkümmel
2 Teel.	geriebener Ingwer
2 Teel.	Gelbwurzel (auch als Kurkuma bekannt)
½ Teel.	Cayennepfeffer
½ Teel.	schwarzer Pfeffer
1½ Teel.	geriebener Kardamom
¼ Teel.	geriebene Gewürznelken
¼ Teel.	Pimentfrüchte
¼ Teel.	geriebene Lorbeerblätter
¼ Teel.	geriebene Muskatnuß
¼ Teel.	geriebener Zimt

Zubereitung:

Gewürze in eine Gewürzmühle geben und gut miteinander vermischen.

Küchentips

Garam Masala

Garam Masala ist eine scharfe Gewürz mischung. Garam bedeutet scharf; Masala bedeutet gepulvert oder eine Mischung von Gewürzen. Man kennt viele Variationen von Garam Masala, wir bieten dieses Rezept als ein gutes allgemeinverwendetes Currypulver an.

Fettucini Vongolé 2

Zutaten:

454 g	im Handel erhältlicher grüner Nudelteig oder 1 Einheit des Rezeptes auf Seite110
36	Klaffmuscheln
250 ml	trockener Weißwein
1 Eßl.	Butter
2	Knoblauchzehen, feingeschnitten
1 Eßl.	Mehl
125 ml	Sahne
2 Eßl.	Tomatenmark
½ Teel.	Salz
¼ Teel.	weißer Pfeffer
1 Teel.	abgeriebene Zitronenrinde
80 g	frisch geriebener Romano Käse
2 Eßl.	frische Petersilie, gehackt

Zubereitung:

Nudelteig nach Anweisung herstellen und in Fettucini schneiden.

Klaffmuscheln bürsten und in Pfanne geben, mit Wein begießen. 6-8 Minuten über kleiner Flamme leicht köcheln, bis die Muscheln sich öffnen. Muscheln entnehmen und heiß aufbewahren. Wein aufbewahren.

Butter in Pfanne erhitzen. Knoblauch zugeben und 1 Minute dünsten. Mehl zugeben, Hitze reduzieren und 2 Minuten schwitzen. Wein mit Schneebesen einrühren. Sahne zugeben und 5 Minuten köcheln lassen. Tomatenmark, Gewürze und Zitronenrinde einrühren. Weitere 3 Minuten köcheln lassen. Aufbewahrte Muscheln zugeben und weitere 3 Minuten köcheln lassen.

Großer Topf mit gesalzenem, kochenden Wasser vorbereiten und Nudeln darin garen. Abtropfen lassen und auf Servierteller geben.

Die halbe Menge Romano Käse der Sauce zugeben. Sauce mit Schöpflöffel über die Fettucini gießen. Mit Petersilie und der restlichen Käsemenge bestreuen und sofort servieren.

6 Portionen

Orangen-Hühnchen Fettucine

Zutaten

454 g	im Handel erhältlicher Nudelteig oder 1 Einheit unseres Grundrezeptes auf Seite 78
1 Eßl.	Butter
1	Knoblauchzehe, feingeschnitten
1 Teel.	Ingwer, feingeschnitten
250 ml	Orangensaftkonzentrat
60 ml	Teriyakisauce
2 Eßl.	Sherry
2 Eßl.	Limonensaft
345 g	Hühnerbruststücke, ohne Haut und Knochen, in Streifen geschnitten
160 g	Wasserkastanien, geschnitten und abgetropft
2	Bündel Brunnenkresse, grob gehackt
3 Eßl.	leicht geröstete Pekannüsse, gehackt
2	Orangen, in Abschnitte zerteilt

Zubereitung:

Nudelteig nach Anweisung herstellen und in Fettuccine Nudeln schneiden.

Butter in einer Pfanne erhitzen, Knoblauch und Ingwer darin dünsten. Orangensaft, Teriyakisauce, Sherry und Limonensaft miteinander vermischen und in die Pfanne geben. Aufkochen. Hühnerbruststücke zugeben und abdecken. Hitze reduzieren und 6 Minuten köcheln lassen.

Wasserkastanien zugeben und weitere 3 Minuten köcheln lassen.

Während die Sauce köchelt, kann ein Topf mit 2 l gesalzenem, kochenden Wasser vorbereitet werden. Nudeln darin garen. Abtropfen.

Heiße Nudeln, Brunnenkresse und Pekannüsse in einer großen Servierschale miteinander vermischen und dann auf Servierteller geben. Hühnerfleischmischung auf das Nudelbett geben und mit Sauce übergießen. Mit Orangenabschnitten garnieren.

4 Portionen

Orecchiette à la Toronto

Zutaten:

2	rote Paprikaschoten
454 g	scharfgewürzte italienische Wurst
2 Eßl.	Olivenöl
1	große spanische Zwiebel
320 g	Tomaten, geschält, entkernt, und in Würfel geschnitten
2 Eßl.	Butter
2 Eßl.	Mehl
250 ml	Milch
1/4 Teel.	Salz
1/4 Teel.	weißer Pfeffer
1 Prise	Muskat
454 g	Orecchiette Nudeln

Zubereitung:

Backofen auf 200°C erhitzen und die Paprika schoten 20 Minuten rösten. Paprikas entneh men und die Außenhaut entfernen. Das Innen stück, Kernchen und Membrane entfernen und Paprikas in feine Würfelchen schneiden.

Wurst in Pfanne anbräunen. Flüssiges Fett ab tropfen lassen. Öl zugeben und Zwiebel weich dünsten. Tomaten - und Paprikawürfel zugeben. Hitze reduzieren und 30 Minuten köcheln lassen.

Butter in einer zweiten Pfanne schmelzen. Mehl zugeben und zu einer Paste rühren. 2 Minuten über kleiner Flamme schwitzen lassen.

Milch zugeben, ständig rühren, und köcheln, bis sich die Sauce verdickt. Gewürze zugeben und weitere 2 Minuten köcheln lassen.

Tomatenmischung und weiße Sauce miteinander vermengen. 10 Minuten köcheln lassen.

Während dieser Zeit kann ein Topf mit 2 l gesalzenem, kochenden Wasser vorbereitet werden. Nudeln ca. 8-9 Minuten garen.

Nudeln auf eine Servierplatte geben und mit Sauce begießen. Servieren.

6 Portionen

Vier Käse Rigatoni
mit Basilikum

Zutaten:

340 g	Rigatoni
2 Eßl.	Butter
120 g	zerriebener Bel Paese Käse
120 g	zerriebener Fontina Käse
60 g	Gorgonzola Käse, grob zerrieben
250 ml	Schlagsahne
20 g	frischer Basilikum, gehackt
60 ml	frisch geriebener Parmesankäse
1 Teel.	schwarzer Pfeffer, angestoßen
2 Eßl.	feine Würfel einer roten Paprikaschote
2 Eßl.	feine Würfel einer gelben Paprikaschote

Zubereitung:

Rigatoni Nudeln in 2 l gesalzenem, kochenden Wasser garen.

Während dieser Zeit, kann die Butter in einer Pfanne geschmolzen werden. Die ersten drei Käsesorten zugeben und rühren, bis sie ganz geschmolzen sind. Sahne und Basilikum unterrühren.

Nudeln auf eine große Servierplatte geben. Mit Sauce übergießen und leicht vermengen, so daß die Nudeln mit Sauce bedeckt sind.

Mit Parmesankäse und schwarzem Pfeffer bestreuen.

Mit roten und gelben Paprikawürfelchen garnieren und sofort servieren.

4 Portionen

Käse Lasagne Light

Zutaten:

900 g	im Handel erhältlicher grüner Nudelteig oder 1 Einheit des Rezeptes auf Seite 110
2	Eier, verquirlt
225 g	halbweiche Tofu-Stücke
280 g	trockener Hüttenkäse Klößchen
454 g	Ricotta Käse, teilentrahmt
190 g	geriebener Romano Käse
750 ml	dickflüssige Tomatensauce, mit Tomatenstücken

Zubereitung:

Nudelteig nach Anweisung herstellen. In dünne Scheiben (Fladen) ausrollen und zu einem Rechteck von 11.25 x 27.50 cm schneiden. Einen großen Topf mit gesalzenem, kochenden Wasser vorbereiten und die Teigfladen darin blanchieren. Abtropfen lassen und in kaltem Wasser aufbewahren.

Eier mit Tofu und den Käsesorten verquirlen. Nur 130 g Romano Käse verwenden, die restlichen 60 g getrennt aufbewahren.

Eine große Kasserolle mit Butter einfetten und den Boden mit einer dünnen Schicht Tomatensauce bedecken. Eine Lage Nudelteig auflegen. Wieder eine Schicht Tomatensauce auftragen und darauf eine Schicht der Käsemischung. Vorgang wiederholen, bis alle Anteile aufgebraucht sind. Mit Tomatensaucen schicht abschließen. Mit aufbewahrtem Romano Käse bestreuen und mit Aluminiumfolie abdecken.

25 Minuten bei 200°C backen. Folie entnehmen und weitere 8 Minuten backen. Servieren.

8-10 Portionen

Dickflüssige Tomatensauce

Zutaten:

2 Eßl.	Olivenöl
2	Knoblauchzehen, fein geschnitten
1	grüne Paprikaschote, in Würfel geschnitten
1	Zwiebel, in Würfel geschnitten
2	Selleriestangen, in Würfel geschnitten
120 g	Champignonscheiben
1 Teel.	Salz
½ Teel.	Pfeffer
1 Teel.	Basilikumblätter
½ Teel.	Oreganoblätter
½ Teel.	Thymianblätter
½ Teel.	Paprika
¼ Teel.	Cayennepfeffer
1.35 kg	Tomaten, geschält, entkernt und in kleine Würfel geschnitten

Zubereitung:

Öl in einer Pfanne erhitzen. Knoblauch, Paprika, Zwiebel, Sellerie und Champignons zugeben und weichdünsten. Gewürze und Tomaten zugeben.

3 Stunden köcheln lassen, bis die gewünschte Konsistenz erreicht ist. Nach Bedarf verwenden.

ERGIBT 1-1.5 Liter

Küchentips

Tofu (Käse Lasagne Light)

Soja oder Sojabohnen sind ein wichtiger Bestandteil in der menschlichen und tierischen Ernährung geworden. Sojabohnen waren für eine lange Zeit nur in asiatischen Ländern beliebt doch sind seit einigen Jahren auch in westlichen Ländern willkommen. Nahrungs mittel aus Sojabohnen sind Tofu, Tempeh (fermentierte Sojabohnen) und Sojasauce.

Escargots-Tortellini

Zutaten:

340 g	im Handel erhältlicher Nudelteig oder ½ Einheit des Rezeptes auf Seite 78
36	Weinbergschnecken
60 ml	Sahne
2 Eßl.	Amaretto Likör
110 g	Walnußstücke, Außenhaut entfernt
3 Eßl.	Paniermehl
3 Eßl.	Olivenöl
2	Knoblauchzehen, fein geschnitten
3 Eßl.	Petersilie, gehackt
50 g	weiche Butter
2 Eßl.	Schlagsahne
	Salz & Pfeffer zum Abschmecken
	Petersilienzweige
	abgeriebene Zitronenrinde

Zubereitung:

Teig nach Anweisung herstellen.

Teig dünn ausrollen. 36 Plätzchen mit einer 7.5 cm ø runden Plätzchenform ausstechen. Die Plätzchen mit einem feuchten Leinentuch abdecken, um das Austrocknen zu verhindern.

Die Plätzchen mit Wasser bestreichen. Je eine Wein bergschnecke auf die Plätzchen setzen und den Teig einschlagen und als Täschchen, durch anpressen der Enden verschließen.

Topf mit 3 l gesalzenem, kochenden Wasser vorbereiten und die Täschchen (Tortellini) darin kochen, bis sie an die Oberfläche schweben. Abtropfen.

Sahne und Amaretto in einer Pfanne erhitzen. Tortellini zugeben und 3 Minuten köcheln lassen.

Während die Tortellini köcheln, können die Nüsse grob gehackt werden. 30 g der Nußstücke aufbewahren. Restliche Nußstücke, Paniermehl, Öl, Knoblauch und Petersilie in eine zweite Rührschale geben und mit Mixer oder Küchenmaschine glattrühren. Salz und Pfeffer einrühren.

Tortellini einrühren. Tortellini auf Teller platzieren und mit Amarettosauce begießen. Mit Petersilie, Zitronenschale und aufbewahrten Walnußstückchen garnieren.

4 Portionen

Penne à la Arrabiate

Zutaten:

50 g	Butter
120 g	Porcini Pilze (große Schirmpilze)
2	fein geschnittene Knoblauchzehen
2	Karotten, in Würfel geschnitten
1	Zwiebel, in Würfel geschnitten
2	Selleriestangen, in Würfel geschnitten
1kg	Tomaten, geschält, entkernt, und in kleine Würfel geschnitten
3	Lorbeerblätter
1 Teel.	Thymianblätter
1 Teel.	Oreganoblätter
1 Teel.	Basilikumblätter
1 Eßl.	Salz
1 Teel.	Pfeffer
1 Eßl.	zerdrückte rote Chilischoten
454 g	Penne Nudeln
40 g	geriebener Parmesankäse

Zubereitung:

Butter in einem großen Topf erhitzen. Pilze, Knoblauch, Karotten, Zwiebel und Sellerie zugeben und weich dünsten. Tomaten, Gewürze und Chilischoten zugeben. Hitze reduzieren und 3 Minuten köcheln lassen.

Sauce durch Sieb geben und wieder in den Topf gießen. Köcheln lassen, bis die Sauce sehr dickflüssig ist.

Topf mit 2 l gesalzenem, kochenden Wasser vorbereiten und Nudeln darin garen. Nudeln auf eine Servierplatte geben und mit Sauce begießen. Mit Käse bestreuen und servieren.

6 Portionen

Thai Nudeln

Zutaten:

360 g	gehackter Kohl
1	mittelgroße Zwiebel, gehackt
4 Teel.	Distelöl
60 g	Erdnußbutter, mit Erdnußstückchen
1 Eßl.	frischer Limonensaft
4 Teel.	brauner Zucker
2 Teel.	Sojasauce
2 Teel.	Worcestershiresauce
$\frac{1}{4}$ Teel.	zerdrückte Chilischoten
$\frac{1}{2}$ Teel.	Garam Masala pulver (siehe Seite 152)
1	Knoblauchzehe, fein geschnitten
1 Staude	Zitronengras oder Zitronenmelisse
250 ml	Kokosmilch
454 g	Linguine Nudeln
1 Eßl.	frische glatte Petersilie, gehackt
1 Teel.	frischer Basilikum, gehackt

Zubereitung:

Öl in Pfanne erhitzen. Kohl und Zwiebel kurz dünsten, so daß das Gemüse gerade weich wird.

Erdnußbutter, Limonensaft, Zucker, Worcestersauce, Sojasauce, Chilischoten, Garam Masala Pulver, Knob lauch und Zitronengras zugeben. Langsam erhitzen, dabei die Kokosmilch nach und nach zugeben. Nicht aufkochen.

Während die Sauce köchelt, kann ein Topf mit 2 l gesalzenem, kochenden Wasser vorbereitet werden. Nudeln darin garen. Abtropfen.

Linguine Nudeln mit der Sauce und dem Gemüse vermischen. Basilikum und glatte Petersilie untermischen und sofort servieren.

4 Portionen

Lachs & Rotini Niçoise

Zutaten:

225 g	bunte Rotini Nudeln
180 ml	Olivenöl
60 ml	Essig
½ Teel.	Pfeffer
½ Teel.	Senfpulver
1 Teel.	Salz
2 Eßl.	Zitronensaft
1	grüne Zwiebel, in feine Würfel geschnitten
225 g	grüne Bohnen, diagonal geschnitten und blanchiert
4	Kopfsalatblätter
4	Tomaten
4	hartgekochte Eier
360 g	gekochter Lachs, in Flocken
12	schwarze Oliven, ohne Kern
8	Sardellenfilets
1 Eßl.	frische Basilikumblätter

Zubereitung:

Rotini nach Anweisung zubereiten. Abtropfen und in eine Rührschale geben.

Öl, Essig, Pfeffer, Senf, Salz und Zitronensaft in einer kleinen Rührschale vermengen.

¼ der Sauce über die Rotini gießen. 1 Stunde kühlstellen.

Zwiebel und Bohnen mit einem weiteren ¼ der Sauce bedecken.

Bohnen in Rotinimischung geben.

Salatblätter auf gekühlte Teller legen. Salat darauf platzieren.

Den Salat mit Tomaten, Eiern, Oliven, Lachs und Sardellen garnieren. Restliche Sauce darübergießen, mit Basilikum bestreuen und servieren.

4 Portionen

Penne à la Rosanne

Zutaten:

2	gelbe Paprikaschoten
454 g	scharfgewürzte italienische Wurst
2 Eßl.	Olivenöl
1	große spanische Zwiebel
320 g	Tomaten, geschält, entkernt und in Würfel geschnitten
2 Eßl.	Butter
2 Eßl.	Mehl
250 ml	Milch
¼ Teel.	Salz
¼ Teel.	weißer Pfeffer
1 Prise	Muskat
454 g	Penne Nudeln

Zubereitung:

Backofen auf 200°C vorheizen und Paprikaschoten 20 Minuten rösten. Paprikas entnehmen und die Außenhaut enfernen. Innenstück, Kernchen und Membrane entfernen. Paprika in feine Würfel schneiden.

Wurst in einer Pfanne anbräunen, flüssiges Fett abtropfen lassen. Öl zugeben und die Zwiebel weichdünsten. Paprika- und Tomatenwürfel zugeben. Hitze reduzieren und 30 Minuten köcheln lassen.

Butter in einer zweiten Pfanne schmelzen. Mehl zugeben und zu einer Paste rühren. 2 Minuten über kleiner Flamme schwitzen lassen.

Milch zugeben und rühren. Köcheln lassen, bis die Sauce dickflüssig ist. Gewürze zugeben und weitere 2 Minuten köcheln lassen.

Tomatenmischung mit der weißen Sauce vermengen. 10 Minuten köcheln lassen.

Während die Sauce köchelt, kann ein Topf mit 2 l gesalzenem, kochenden Wasser vorbereitet werden. Nudeln 8-9 Minuten garen.

Nudeln auf Servierteller geben und mit Sauce begießen. Servieren.

Kalifornische Gnocchi

Zutaten:

280 g	gewaschener, frischer Spinat
900 g	Kartoffeln
1	verquirltes Ei
230 g	Mehl
3 Eßl.	Olivenöl
3 Eßl.	Mehl
160 ml	Hühnerbrühe (siehe Seite 146)
160 ml	Sahne
90 g	Tomatenketchup
2 Teel.	Worcestershiresauce
1 Teel.	Paprika
3 Tropfen	scharfe Sauce aus spanischem Pfeffer
1 Eßl.	Zitronensaft

Zubereitung:

Spinat im Wasserdampf dünsten. Abkühlen lassen und sehr feinhacken.

Kartoffeln schälen und in einem großen Topf im Wasserdampf gardünsten. Gut abtropfen lassen und pürieren. Spinat einrühren. Mischung in eine Rühr schale geben. Ei und 150 g Mehl zugeben. Den Teig kneten und Mehl nach Bedarf zugeben. Der Teig sollte fest jedoch weich sein.

Hände mit Mehl bestäuben und 1 Teel. der Mischung in der Hand rollen. Kugel auf eine leichtbemehlte Arbeitsfläche setzen und mit einer Gabel pressen.

Gnocchis in einem großen Topf mit gesalzenem, kochenden Wasser kochen. Nachdem sie an die Oberfläche schweben, noch weitere 3 Minuten kochen.

Während dessen, kann das Öl in einer Pfanne erhitzt werden. 3 Eßl. Mehl zugeben und 2 Minuten über kleiner Flamme schwitzen. Hühnerbrühe und Sahne mit Schneebesen einrühren und köcheln lassen, bis die Sauce dickflüssig ist.

Restliche Zutaten mit Schneebesen einrühren und weitere 2 Minuten köcheln lassen.

Gnocchis abtropfen lassen und in eine große Servier schale geben. Mit Sauce begießen und servieren.

6 Portionen

Krabben auf Capellini

Zutaten:

300 g	im Handel erhältlicher Tomaten-Nudelteig oder ½ Einheit des Rezeptes auf Seite 98
3 Eßl.	Olivenöl
3 Eßl.	Mehl
160 ml	Hühnerbrühe (siehe Seite 146)
160 ml	Sahne
90 g	Tomatenketchup
2 Teel.	Worcestershiresauce
1 Teel.	Paprika
3 Tropfen	scharfe Sauce aus spanischem Pfeffer
1 Eßl.	Zitronensaft
90 g	frisch geriebener Romano Käse
330 g	Süßwasserkrabben, gekocht

Zubereitung:

Teig nach Anweisung herstellen und in Capellini Nudeln schneiden.

Öl in Pfanne erhitzen, Mehl 2 Minuten über kleiner Flamme schwitzen lassen. Hühnerbrühe und Sahne zugeben und mit Schneebesen rühren. Köcheln lassen, bis die Sauce dickflüssig ist.

Restliche Zutaten, außer Krabben mit Schneebesen einrühren und weitere 2 Minuten köcheln lassen.

Nudeln in 1 l gesalzenem, kochenden Wasser garen.

Nudeln mit Sauce bedecken, mit Krabben bestreuen und servieren.

4 Portionen

Hühnchen im Doppel-Wong

Zutaten:

340 g	im Handel erhältlicher Eiernudelteig oder 1 Einheit des Rezeptes auf Seite 122
4 Eßl.	Erdnußöl
454 g	Hühnerfleisch, in Würfel geschnitten
40 ml	ungesalzene Caschu-Nüsse
115 g	Krabben
70 g	Sellerie, in Würfel geschnitten
70 g	Zwiebel, in Würfel geschnitten
40 g	Champignonscheiben
70 g	grüne Paprikaschoten, in Würfel geschnitten
2 Eßl.	ungesalzene Erdnußbutter
2 Eßl.	Sojasauce
2 Eßl.	Sherry
1 Eßl.	Honig

Zubereitung:

Nudeln in einem großen Topf kochen, abtropfen und aufbewahren.

Öl in Wok oder großer, tiefer Pfanne erhitzen. Hühnerfleisch, Caschu-Nüsse, Krabben und Gemüse zugeben und gut garen.

Nudeln zugeben und eine Seite braten. Dann wenden und die andere Seite braten.

Erdnußbutter, Sojasauce, Sherry und Honig miteinander vermischen und über die Nudeln gießen. 1 Minute kochen und auf eine Servierplatte geben. Sofort servieren.

6 Portionen

Expresso Cannoli

Zutaten:

80 ml	heißes Wasser
3 Eßl.	Instant-Kaffeekristalle, nicht aufgelöst
1	Ei
300 g	Mehl
1 l	Distelöl
40 g	Puderzucker
½ Teel.	Vanilleextrakt
2 Eßl.	abgeriebene Rinde von kandierten Orangen
2 Eßl.	Schokoladenstückchen oder -raspel
2 Eßl.	gehackte Pistazien
430 g	Mascarpone Käse
500 ml	Kaffee-Schokoladensauce
250 ml	gesüßte Schlagsahne
60 g	frische Himbeeren
	Pfefferminzblätter zum Garnieren

Zubereitung:

Instant-Kaffee im heißen Wasser auflösen und abkühlen lassen. Ei verquirlen und in den Kaffee rühren. Mehl zugeben und zu einem glatten Ball kneten. Den Teig ausrollen, mit Mehl leicht bestäuben und zu drei Lagen einschlagen. Erneut ausrollen, mit Mehl bestäuben und einschlagen, Vorgang 6-8 mal wiederholen, bis der Teig fest ist. Den Teig sehr dünn ausrollen und in 5 cm große Quadrate schneiden.

Quadrate um eine Cannoli Tülle oder dicken Kochlöffel stiel wickeln. Vorsichtig entnehmen.

Öl in Friteuse auf 190°C erhitzen. Cannoli fritieren. Cannoli entnehmen und auf fettabsorbierendem Papier abtropfen und auf Zimmertemperatur abkühlen lassen.

Zucker, Vanille, Orangenrinde, Schokolade, Pistazien und Mascarpone Käse in einer Rührschale miteinander vermischen. Die fritierten Cannoli mit der Käsemischung füllen.

Eine kleine Menge Kaffee-Schokoladensauce auf eine Servierplatte geben und Cannoli darauf platzieren. Kleine Tuffs aus Schlagsahne aufspritzen, mit Himbeeren bestreuen und mit den Pfefferminzblättern garnieren. Sofort servieren.

4 Portionen

Kaffee-Schokoladensauce

Zutaten:

250 ml	kochendes Wasser
2 Teel.	Instant-Kaffeekristalle, nicht aufgelöst
2 Eßl.	Zucker
4	Eigelbe
80 ml	Schlagsahne
1½ Teel.	Maisstärke
2 Eßl.	Milch
60 g	Schokoladenstückchen oder -raspel

Zubereitung:

Kaffeekristalle im kochenden Wasser lösen und in ein Wasserbad geben. Zucker zugeben und rühren, bis er völlig gelöst ist. Die Eigelbe einzeln mit einem Schneebesen einrühren. Sahne zugeben und 2 Minuten kochen.

Maisstärke in der Milch lösen und zusammen mit den Schokoladenstückchen der Sauce zugeben. Leicht köcheln, bis die Sauce dickflüssig wird. Von der Hitze nehmen und nach Bedarf verwenden.

ERGIBT 500 ml

Küchentips

Kona Kaffee

Kona Kaffee wächst auf der Hawaii Insel. Ein qualitativ hochwertiger Kaffee, der vor dem Rösten zuerst sonnengetrocknet wird. Zu den üblichen Sorten gehören: Bohnenbeeren, Primium, Espresso, extravagant, gezüchtet und organisch.

Orecchiette
mit Radicchio, Rahm & Schinken

Zutaten:

454 g	im Handel erhältliche Maismehlnudeln oder 1 Einheit des Rezeptes auf Seite 114
2 Eßl.	Butter
120 g	Schinken, in dünne Scheiben
500 ml	Rahm
120 g	frisch geriebener Parmesankäse
2 Teel.	schwarze Pfefferkörner angestoßen
160 g	Radicchio, dünn geschnitten

Zubereitung:

Um Orecchiette (kleine Ohren) herzustellen, teilt man den Nudelteig in zwei Hälften. Jede Hälfte zu einer wurstartigen Rolle formen. Ca. 3 mm dicke Scheiben abschneiden und mit Mehl bestäuben. Jede einzelne Scheibe in die Handfläche nehmen und mit dem Zeigefinger eine Einbuchtung in die Mitte der Scheibe pressen.

Einen großen Topf mit gesalzenem, kochenden Wasser vorbereiten und die Orecchietten hineinfallen lassen. Nachdem die Orecchietten an die Oberfläche schweben, weitere 3 Minuten kochen. Öhrchen auf eine warme Servierplatte geben.

Butter in einer kleinen Pfanne erhitzen. Schinken 1 Minute braten. Rahm zugeben und köcheln lassen, bis die Flüssigkeit um $\frac{1}{3}$ reduziert ist. Parmesankäse und Pfefferkörner einrühren. Saucenmischung über die Orecchietten geben. Den Radicchio untermengen. Mischung auf Servierteller geben und servieren.

4 Portionen

Lende auf Fusili

Zutaten:

3 Eßl.	Olivenöl
454 g	Rinderlende in 1.25 cm große Würfel geschnitten
1	Zwiebel, in Scheiben
40 g	grüne Paprikaschoten, in feine Würfel geschnitten
40 g	rote Paprikaschoten, in feine Würfel geschnitten
1	Selleriestange, in feine Würfel geschnitten
120 g	Champignons
1 Teel.	geriebener ungarischer Paprika
½ Teel.	getrocknete Thymianblätter
½ Teel.	getrocknete Basilikumblätter
½ Teel.	getrocknete Oreganoblätter
½ Teel.	Salz
½ Teel.	angestoßene Pfefferkörner
1 Teel.	Worcestershiresauce
60 ml	Sherry
750 ml	Marinara Sauce
454 g	Fusili Nudeln

Zubereitung:

Öl in einer großen Pfanne erhitzen. Lende anbräunen. Zwiebel, Paprikas, Sellerie und Champignons zugeben und weichbraten. Mit Gewürzen bestreuen.

Worcestersauce, Sherry und Marinara Sauce zugeben. Hitze reduzieren und 15 Minuten köcheln lassen.

Einen großen Topf mit gesalzenem, kochenden Wasser vorbereiten und die Nudeln darin garen. Abtropfen lassen und auf Servierteller geben. Rindfleischsauce großzügig darübergeben und servieren.

6 Portionen

Marinara Sauce

Zutaten:

3	scharfe rote Chilischoten
50 g	schwarze Oliven, gehackt
2 Eßl.	Kapern
80 ml	Olivenöl
1	Zwiebel, in feine Würfel geschnitten
2	Knoblauchzehen, fein geschnitten
675 g	Tomaten, geschält, entkernt und in Würfel geschnitten
2 Teel.	Oreganoblätter

Zubereitung:

Kerne aus Chilischoten entfernen und in kleine Würfel schneiden. Chilischoten, Oliven, Kapern und die Hälfte des Öls miteinander vermischen. 1 Stunde marinieren lassen.

Restliches Öl in einer Pfanne erhitzen. Zwiebel und Knoblauch zugeben und weichdünsten.

Marinade abtropfen lassen. Eingelegte Zutaten mit den gedünsteten Zwiebeln vermischen. Tomaten und Oregano zugeben. Hitze auf mittlere Stufe reduzieren. Solange köcheln, bis die Sauce dickflüssig ist. Sauce über die Nudeln gießen und servieren.

ERGIBT 750 ml

Küchentips

Champignons

Champignons sind die bekanntesten und meist gehandelten Pilze auf nationalen und internationalen Märkten. Sie werden gewöhnlich frisch in der Obstabteilung angeboten. Der lateinische Name lautet "Agaricus bisporus".

TOMATO
JOHN BAER
POMEDORO GROSSO
CARD SEED CO.
FREDONIA, N.Y.

Rindfleisch mit Pilzen

Zutaten:

225 g	Steak aus der Flanke
3 Eßl.	Erdnußöl
½ Teel.	Natron
2	fein geschnittene Knoblauchzehen
2 Teel.	Kristallzucker
1 Teel.	Salz
3 Eßl.	helle Sojasauce
2 Eßl.	Weißwein
6	getrocknete chinesische Pilze, 1 Stunde in warmem Wasser einweichen
340 g	im Handel erhältliche Eiernudeln oder 1 Einheit des Rezeptes auf Seite 122

Sauce:

2 Eßl.	dunkle Sojasauce
2 Eßl.	Sherry
1	fein geschnittene Knoblauchzehe
1 Teel.	fein geschnittener Ingwer
4 Eßl.	Austernsauce
1 Teel.	Maisstärke
1 Eßl.	Wasser
	Tomatenscheiben zum Garnieren

Zubereitung:

Fett von Rindfleisch entfernen. Fleisch in dünne Streifen schneiden.

1 Eßl. Öl, Natron, Knoblauch, Zucker, Salz, helle Soja sauce und Weißwein miteinander vermischen. Dünne Fleischstreifen in Rührschüssel geben. Mit Sauce über gießen und 20 Minuten marinieren lassen. Fleisch abtropfen lassen.

Champignons abtropfen und in Scheiben schneiden.

Dunkle Sojasauce, Sherry, Knoblauch, Ingwer und Austernsauce zugeben.

Nudeln in großem Topf mit gesalzenem, kochenden Wasser garen. Abtropfen lassen und aufbewahren.

Das restliche Öl in einer großen, tiefen Pfanne oder Wok erhitzen. Das Fleisch kurz braten. Pilze zugeben und 3 Minuten braten. Nudeln zugeben und weitere 2 Minuten braten. Sauce einrühren und 1 weitere Minute kochen. Maisstärke im Wasser lösen und zugeben. Hitze reduzieren und bis zur Eindickung köcheln lassen. Mit Tomaten garnieren und servieren.

4 Portionen

Rindfleisch & Macaroni

Zutaten:

2 Eßl.	Distelöl
454 g	mageres Rindfleisch in 2.5 cm große Würfel geschnitten
1/2	große Zwiebel, gehackt
2	Karotten, in grobe Würfel geschnitten
1	Selleriestange in grobe Würfel geschnitten
1	rote Paprikaschote in 1.25 cm Stückchen schneiden
225 g	kleine Champignons, gebürstet
240 g	gedünstete Tomaten
250 ml	Rotwein
1	Lorbeerblatt
1 Eßl.	frischer Thymian
1 Teel.	Worcestershiresauce
2 Eßl.	dunkle Sojasauce
2 Eßl.	Tomatenmark
20 g	frische Petersilie, gehackt
1/4 Teel.	Flocken, roter Chilischoten
225 g	Macaroni, kleine Penne, Ziti oder Radiatore Nudeln
1/2 Teel.	Salz
1/4 Teel.	schwarzer Pfeffer
140 g	gefrorene Erbsen, aufgetaut

Zubereitung:

Öl in einem großen, schweren Topf erhitzen. Rindfleisch zugeben und braunbraten. Zwiebel, Karotten, Sellerie, Paprika, Pilze, Tomaten, Wein, Lorbeerblatt, Thymian, Worcestersauce, Sojasauce, Tomatenmark, Petersilie und Chiliflocken zugeben. Abdecken und 1 1/2 Stunden über kleiner Flamme köcheln lassen. Ab und zu umrühren.

Nudeln nach Anweisung zubereiten. Abtropfen lassen und dem Eintopf zugeben. Salz und Peffer einrühren und weitere 10 Minuten kochen, gelegentlich umrühren. Erbsen einrühren. Heiß servieren.

6 Portionen

Nudeln auf Asiatisch

Zutaten:

½ Teel.	Natron
3 Eßl.	Erdnußöl
2	Knoblauchzehen, fein geschnitten
2 Teel.	Zucker
1 Teel.	Salz
3 Eßl.	Sojasauce
2 Eßl.	Sherry
454 g	Steak aus der Flanke
120 g	Champignons
1	mittelgroße Zwiebel, in Scheiben geschnitten
170 g	Tomaten, geschält, entkernt und in kleine Würfel geschnitten
1 Teel.	Maisstärke
1 Eßl.	Wasser
345 g	Chinesische Nudeln

Zubereitung:

Natron, 1 Eßl. Öl, Knoblauch, Zucker, Salz, Sojasauce und Sherry miteinander vermischen. Steak dünn schneiden und in eine große Rührschüssel geben. Marinade über das Fleisch gießen und 20 Minuten ziehen lassen.

Restliches Öl in großer, tiefer Pfanne oder Wok erhitzen. Rindfleisch abtropfen lassen und Marinade aufbewahren. Fleisch, Pilze und Zwiebel 3 Minuten braten. Aufbewahrte Marinade und Tomaten zugeben. Hitze reduzieren und 1 Minute köcheln lassen. Maisstärke im Wasser lösen und dem Fleisch zugeben. Köcheln lassen, bis die Sauce dickflüssig ist.

Während dieser Zeit, kann ein großer Topf mit gesalzenem, kochenden Wasser vorbereitet werden. Nudeln darin garen. Nudeln abtropfen lassen und auf eine Servierplatte geben. Rindfleisch auf das Nudelbett geben und servieren.

6 Portionen

Über den Autoren

Mr. Kalenuik wird respektvoll als Chef Ka genannt (von denjenigen, die seinen Namen nicht aussprechen können). Er begann seine Kochkarriere 1973 in Jasper, Alberta, Kanada in der weltberühmten Jasper Park Lodge. Seitdem hat er sich als Chef de Cuisine in den feinen Hotels und Restaurants Kanadas etabliert.

Mr. Kalenuik betrieb und besaß Restaurants, die mit nationalen Auszeichnungen gepriesen wurden. Er ist Lehrer und Berater in der Restaurantindustrie und der Präsident des Nordamerikanischen Institutes für modernes Kochen Inc.

Als Autor drückt er ein einzigartiges und kreatives Flair in allen Gebieten des Kochens aus. Ob klassisch oder die "Hausküche" oder moderne Menüpräsentationen, unabhängig von der Stilrichtung, erklärt Mr. Kalenuik die Rezepte verständlich und sie sind einfach zuzubereiten. Dieses Buch ist mehr als eine Rezeptsammlung, es ist eine Kollektion von brauchbaren Rezepten, die zum Standard vom Hauskoch bis zum professionellen Küchenchef werden.

Mit *Das originale Pizza & Nudel Kochbuch*, zählt Mr. Kalenuiks Autorenkarriere 10 Bücher. Von seiner internationalen Bestseller Serie *Einfach Köstlich* wurden über 2,500,000 Exemplare weltweit verkauft. Weitere Bücher, die der Serie angehören, sind: *Internationale Familien Favoriten*, *The Fundamentals of Taste*, *Cuisine Extraordinaire*, *Dining In*, *Championship Cooking*, *Chef K's Cheese Best* und *The Right Spice*.

Ein Nachwort des Autoren

Die Begeisterung des Kochens wird wahrscheinlich nie vergehen, egal ob es um die neuesten Trendgerichte geht oder um "Mutters Küche und wie sie einst gekocht hat." Menschen haben die Tendenz, jeweils das aufrechtzuerhalten, was schon vor vielen Jahren Gültigkeit hatte. Das ist wohl unser Erfolg mit der *Einfach Köstlich* Kochbuchserie, von der über 2,500,000 Exemplare verkauft wurden. Dies sind Kochbücher, deren Rezepte Tradition haben und denen viel Erfolgsvertrauen entgegen gebracht wird. Jetzt können auch Sie sich mit *Das originale Pizza & Nudel Kochbuch* auf dieses Resultat verlassen.

Die Hausköche wollen doch das Beste für ihre Familien. Und dabei assistiert *Das originale Pizza & Nudel Kochbuch* hervorragend mit den besten, aber einfachen und erfrischenden Rezepten. Egal wo Sie leben, der Wunsch das Beste zu geben ist universal, denn das Beste ist eben gerade gut genug.

Erfolgreiche Köche sind diejenigen, die sich neu inspirieren lassen. Sie versuchen, altes mit neuem zu verbinden und so der eigenen Kreativität freien Lauf lassen. *Das originale Pizza & Nudel Kochbuch*, bietet definierte und perfektionierte Inspirationen. Die Rezepte sind einfach zuzubereiten und nicht zu fremd, als daß der Betrachter sie überblättern würde. Und jedes Gericht in diesem Buch läßt den Genießer nach einer "zweiten Portion" fragen.

Jeder Koch, mich eingeschlossen, hat seine Lieblingsrezepte. Sie finden hier Kreationen, die sowohl mit Preisen ausgezeichnet wurden, alsauch von verwöhnten Freunden und ähnlichen Kritikern gepriesen wurden. Dieses Buch enthält weitaus mehr, als nur ein paar Jahre Kocherfahrung. Diese Rezepte sind wahrlich kulinarische Träume. Ich möchte Sie hiermit in meinen Traum einladen.

Nachdem mein erster internationaler Bestseller *Einfach Köstlich* veröffentlicht wurde, lernte ich, daß die Köche mehr über Gerichte aus verschiedenen Ländern wissen wollen. Darauf sind wir auch wieder in diesem Buch eingegangen. Sie finden Gerichte aus aller Welt, von Afrika bis Asien, von Neuseeland bis Neufundland, von den USA bis England.

Wir wünschen uns und Ihnen, daß *Das originale Pizza & Nudel Kochbuch* eine wertvolle Bereicherung ist und Ihnen viele Jahre Spaß bei der Zubereitung von Gerichten bereitet. Das ist unser Ziel mit diesem Buch. Denn Geschmack ist eine Addition unserer Sinne, nicht nur unseren Mund, alle Sinne werden hier zum Genuß angeregt. Um dies zu erreichen, sollte bei der Präsentation auf das Aussehen, Konsistenz, Geruch und Aroma geachtet werden. Wir demonstrieren durch die jeweiligen Abbildungen, wie durch das menschliche Auge die Geschmacksnerven angeregt werden können.

Dieses Buch ist in einer handlichen Form gebunden, fast wie ein Bilderbuch zum Ansehen im Wohnzimmer, doch es gehört in die Küche, wo sich die verläßlichen "Werkzeuge" für gutes Kochen befinden. Schmöckern Sie durch die Seiten, die sowohl eine neue Welt internationaler Köstlichkeiten eröffnen, alsauch Ihre kulinarischen Fähigkeiten für immer verändern können.

Ron Kalenuik, Chef K

Inhaltsverzeichnis

Über den Autoren 188
Inhalt 3
Impressum 2
Titelseite 1

Pizza

Apfelguß 46
Apfel-Pizza 46
Bananen Split-Pizza 56
Barbecue-Hähnchen Pizza 8
Béarnaise Sauce 12
Diego Sauce 26
Ein Traum von Meeresfrüchten 12
Erdnußbutter-Pizza 52
Focaccia mit Paprikafüllung 34
Gourmet Teig 20
Heidelbeer-Pizza 48
Honolulu Pizza 58
Jamaica Pizza 32
Kartoffel-Hühnchen Calzone 36
Knoblauch Parmesan Pizzateig 36
Kräuterteig 38
Mailand Pizza 6
Mornay Sauce 12
Palm Springs Pizza ....
Pfirsich-Melba Pizza ....
Pizza als Dessert ....
Pizza-Buttertorte ....
Pizza der griechischen Inseln ..
Pizza mit gegrillten Krabben und Paprika-Pesto ....
Pizza mit Kaviar ....
Pizza mit Pfefferminzlikör ....
Pizza Sauce ....
Pizzateig Grundrezept ....
San Diego Pizza ....
Schokoladen-Nuß Pizza ....
Schokoladen-Pizza ....
Sfinciuni Doppeltgefüllte Pizza ....
Sizilianische Pizza ....
Süßer Teig ....
Tucson Pizza ....
Vancouver Krabben & Gemüsepizza ....
Vollweizen-Pizzateig ....
Würzige Pizza ....

Nudeln

Ailloli 1

Inhaltsverzeichnis

Asiatisches Hühnchen 104

Buchweizen Linguine mit mit Käsevelours 150

Cannelloni mit Kalbfleisch in Shiitake Sauce 94

Champignon Mornaysauce ...118

Cous Cous Zucchinisalat 140

Creole Sauce 70

Dickflüssige Tomatensauce ...160

Drei-Käse Gericht 118

Eiernudeln 122

Escargots-Tortellini 162

Expresso Cannoli 176

Fenchel und Weißwein Schinken & Orzo 134

Fettucini à la Dianna 106

Fettucini Jambalaya 120

Fettucini mit Champignons, Krabben, Knoblauch und frischen Kräutern 112

Fettucini mit Kalbsfleisch 142

Fettucini Vongolé 2 154

Garam Masala 152

Garam Masala Champignons auf Hühnchen - Penne 152

Gefüllte Nudeln 70

Gefüllte Paprika mit Orzo 126

Gemüse Canneloni 100

Gemüse - Rotinisalat 144

Geschwärzte Krabben auf schwarzem Pfeffer-Linguininudeln 74

Große Kalbfleisch Ravioli mit Basilikumsauce 124

Grüner Nudelteig 110

Hühnchen im Doppel-Wong ..174

Hühnchen Manicotti 136

Hühnerbrühe 146

Hummer auf Mafalda 72

Käse Lasagne Light 160

Kalifornische Gnocchi 170

Kaffee-Schokoladensauce 176

Kleine Ohren in Tomatencremesauce 114

Knoblauch Linguine 102

Krabben auf Capellini 172

Krabben & Hummer Lo Mein 108

Lachs & Rotini Niçoise 168

Lasagne mit Meeresfrüchten ..132

Lende auf Fusili 180

Linguine Romano 110

Marinara Sauce 180

Mediterrane Radiatore 62

Meeresfrüchte auf Linguine ...128

Meeresfrüchte auf Linguine mit Paprika Pesto 64

Inhaltsverzeichnis

Meeresfrüchte auf Orzo Nudeln 96

Muscheln & Krabben Doppelspiel 80

Nudeln auf Asiatisch 186

Nudeln mit Zitronenpfeffer 90

Nudelteig Grundrezept 78

Nudelteig mit Maismehl 114

Orangen-Hühnchen Fettucine 156

Orecchiette à la Toronto 156

Orecchiette mit Radicchio, Rahm & Schinken 178

Oregano-Hühnchen Genuß . . .146

Pappardelle à la Pamela 88

Penne à la Arrabiate 164

Penne à la Rosanne 168

Penne in Tortillas 68

Petersilien-Nudelteig 102

Rinderbrühe 82

Rindfleisch mit Pilzen 182

Rindfleisch & Macaroni 184

Rockefeller Manicotti 130

Rotwein und Rindfleisch auf Spaghetti 106

Scharfgewürzte Krabben 92

Schwarzer Pfeffer Nudelteig . . .74

Schweinefleisch auf Vermicelli 84

Schweinefleisch mit Bambus . . .76

Spaghetti Al Granseola 78

Spaghetti nach Chefkoch K 86

Spanischer Ceasar Salat 130

Stroganoff auf Penne 148

Tagliatelle Ai Funghi ohne Fleisch 98

Thai Nudeln 166

Thymian-Hühnchen Linguine 82

Tomaten-Nudelteig 98

Tomatensauce 126

Trompeten Campanola 90

Truthahn Tortellini 116

Vier Käse Rigatoni mit Basilikum 158

Würzige Brokkoli Nudeln 122

Würziger Nudelsalat 138

Zucchini Lasagne mit fünf Käsesorten 66